PRÉÉMINENCE

DE LA LOI RELIGIEUSE

SUR LA LOI CIVILE.

AF337326

PRÉÉMINENCE
DE LA LOI RELIGIEUSE

SUR LA LOI CIVILE,

OU

ESSAI PHILOSOPHIQUE SUR LEURS RAPPORTS

AVEC LA NAISSANCE, LE MARIAGE ET LE DÉCÈS.

PAR J. P. DU CROS (DE SIX),

AVOCAT A LA COUR ROYALE DE PARIS.

Nisi Dominus ædificaverit domum, in vanum
laboraverunt qui ædificant eam.
SALOMON, psal. 126.

Πρῶτον, ἡ περὶ θείων ἐπιμέλεια.
ARISTOTE, Politic. liv. 6, c. 8.

A LYON,

CHEZ M. P. RUSAND, IMPRIMEUR DU ROI.

A PARIS,

A LA LIBRAIRIE ECCLÉSIASTIQUE DE RUSAND,
RUE DU POT-DE-FER, N.º 8, (PLACE S. SULPICE).
1824.

AVANT-PROPOS.

Des hommes impatiens de tout frein,
et qui se sont dits philosophes, ont
écrit et enseigné qu'il y avait une morale solide et capable de diriger l'homme
public et domestique, indépendamment
de toute croyance en un Dieu, souverain législateur, vengeur du crime et
rémunérateur de la vertu. A la place de
la raison divine ces philosophes ont mis
la raison humaine qui, n'étant plus
éclairée ni dirigée par la première, est
tombée dans le vague, l'obscurcissement
et l'erreur. Dans cet état, elle est devenue l'esclave des passions : chacune
de celles-ci a, dès-lors, enfanté un système de morale conforme à ses goûts et
à ses penchans. Après avoir ainsi séparé
la morale, règle des actions humaines,
de toute idée de Dieu, c'est-à-dire de la
théologie, les faux sages s'étant empa-

rés de la tribune législative ont promulgué en conséquence de leur principe, et concluant à *fortiori* que la loi destinée à régler les rapports des citoyens entr'eux, c'est-à-dire la loi civile, n'avait aucun rapport avec la loi religieuse, et que, pour ces motifs, ces deux espèces de lois devaient être séparées et rendues indépendantes l'une de l'autre, même aux trois principales époques de la vie, où on les trouve toujours réunies, même chez tous les peuples qui n'ont pas été ou qui ne sont pas encore éclairés des lumières du christianisme : législateurs irréfléchis ou corrupteurs, ils ont fait divorcer le peuple avec la Divinité ; ils l'ont séparé de toutes les idées qui pourraient la lui rappeler. Phénomène nouveau et inouï, c'est la première fois qu'apparaît au monde un code de lois athées.... Sous cette législation l'homme naît, devient citoyen, chef ou père de famille et quitte la vie sans que la société dont il est membre s'inquiète de son éducation morale ou religieuse, car l'éducation ne peut être morale sans être religieuse. Quelle différence y a-t-il donc entre le sauvage abandonné à lui-même dans les forêts, et l'homme éclairé et dirigé par les lumières philosophiques de nos jours ?

A la vérité ces faux sages disparaissent, mais leurs institutions restent ; grosses d'athéisme et d'anarchie, elles nous conduiront de nouveau sur l'abîme de cette révolution unique dans les fastes de l'histoire, car elle se fit moins contre une famille que contre les choses établies, les principes consacrés, et la Divinité elle-même.

C'est pour combattre et tâcher de renverser ces institutions qui, comme leurs auteurs, n'auraient dû être qu'éphémères, et pour replacer la société sur ses véritables fondemens, que nous publions cet essai. Nous y examinons quel but doit se proposer le législateur et quels moyens il doit employer pour y arriver ; et nous trouvons que l'homme par lui-même est incapable d'y atteindre sans l'intervention de la Divinité qui seule peut inspirer des lois propres à améliorer l'homme moral, et qui seule peut leur donner la sanction qui les rend durables, parce que ce n'est que de Dieu que découlent l'ordre et la sagesse ; aussi est-ce sur ce fondement, reconnu par tous les vrais sages et les grands législateurs, qu'a été élevé l'édifice social chez tous les peuples de la terre. Après avoir prouvé cette proposition par le résultat de la loi mosaïque et surtout par celui de l'Evangile, nous nous appuyons du sentiment des anciens philosophes et de celui de quelques modernes.

Pour établir que la loi civile a des rapports, même intimes, avec la loi religieuse, que ces deux lois eurent primitivement la même origine et sortirent toutes deux de la bouche du même législateur, nous avons cru devoir re-

monter à la source de toutes lois, c'est-
à-dire à Dieu. De ce point de vue nous
jetons un coup-d'œil sur le berceau des
sociétés; nous cherchons quels en furent
les premiers régulateurs, et comment
ceux-ci donnèrent à leurs lois la meilleure sanction possible. Dans ce coup-
d'œil nous apercevons le Tout-Puissant
lui - même qui, se portant législateur
du genre humain, révèle à l'homme les
vérités, et lui donne les préceptes et les
lois dont la connaissance lui est nécessaire pour remplir sa destinée et se diriger dans l'accomplissement de ses devoirs envers l'auteur de son être, et
envers ses semblables. Les premiers de
ces devoirs forment le code religieux,
les seconds, le code civil ou de la cité.
Le Très-Haut confia ces deux codes pri-
mitifs au père de famille qui exerçait
tout à la fois et l'autorité de roi, et les
fonctions sacerdotales. C'est ce qu'attestent les monumens historiques chez
toutes les nations dans leur commen-

cement. Ce régime connu sous le nom de régime patriarcal perd de sa force à mesure que la famille se multiplie et s'étend. De plusieurs familles particulières, il s'en forme une grande appelée nation; mais le bien-être de celle-ci exigeant que le chef auquel elle se soumettait n'eût pas toute l'étendue du pouvoir patriarcal, le sceptre et l'encensoir cessèrent d'être dans les mêmes mains; sans devenir indépendans, ils restent unis pour le bonheur des peuples. Tous les législateurs en fixèrent et en réglèrent les rapports.

Après cet aperçu, nous indiquons quels sont les devoirs et les droits, la puissance et l'autorité du prince et du pontife; dans quelles justes bornes ils doivent se tenir dans l'exercice de leurs pouvoirs et quelle harmonie doit régner entr'eux. Nous examinons ensuite si le législateur français n'a pas méconnu ses devoirs, et s'il a bien conservé cette précieuse harmonie relativement à la

naissance, au mariage et au décès :
nous trouvons que le législateur a tout
oublié d'un côté et n'a rien conservé de
l'autre; d'où il suit que sa législation,
ruineuse dans sa base, conduira tôt ou
tard la société à sa dissolution et à sa
perte.

Nous avons cru devoir répondre à
quelques-unes des objections qui nous
ont été faites. On a dit 1.° que l'homme,
après tout, n'était tenu de suivre que la
religion naturelle. Comme dans toute
discussion il convient, afin de s'entendre, de fixer et de déterminer la signi-
fication des mots, nous avons pressé
notre adversaire de nous dire ce qu'il
entendait par religion naturelle, et quels
en étaient les résultats moraux et sociaux. Après cette explication, nous lui
avons fait voir que la religion naturelle
ne diffère point de l'Evangile, ou plutôt
que l'Evangile n'est autre chose que la
renaissance de la loi primitive, portée
par J. C. à son plus haut degré de per-

fection. Nous soutenons et nous prouvons
ensuite que cette renaissance était nécessaire, parce que la religion naturelle et
ses dogmes manquant dans la société
domestique et publique d'une autorité
spécialement chargée d'en faire exécuter
les préceptes, d'en surveiller la juste
application, et d'interpréter convenable-
ment la volonté du législateur suprême,
étaient devenus ce qu'ils devaient devenir, c'est-à-dire la corruption de la
morale et le fléau du genre humain.

2.° On a ajouté : on n'a pas besoin de
dogmes, il suffit d'une BONNE morale : à
cette singulière objection, nous avons
répondu et posé en principe qu'il n'y
a pas de morale sans dogme, pas plus
qu'il n'y a d'effets sans causes ; nous dé-
veloppons cette proposition et nous la
prouvons par la loi naturelle elle-même
et par l'Evangile. A l'appui de cette
preuve nous avons cru devoir examiner
le sacrifice, essence de toute religion.
Nous démontrons enfin l'excellence de

la loi évangélique par l'excellence des dogmes qu'elle propose et de la morale qui en est la suite, ainsi que par les idées complètes que la révélation nous donne de la Divinité : nous fondons en même temps la conservation et la perpétuité de cette loi sur l'institution d'une autorité spéciale, nourrie de l'esprit de cette même loi, éclairée et assistée du législateur même, pour la faire exécuter, et l'interpréter toujours dans le but de l'amélioration et du bonheur de l'homme public et de l'homme privé.

Le sacerdoce établi de Dieu, et en qui réside cette autorité, n'est pas seul chargé de veiller au maintien de la loi dont nous parlons; le souverain temporel a des devoirs à remplir à cet égard: nous examinons quels sont ses devoirs par rapport à la conservation de la morale et à la profession des dogmes d'où elle découle; nous trouvons qu'il est du devoir, qu'il est de l'intérêt du prince, au nom de la société dont il est le chef, de veiller à celle du dogme de l'immortalité de l'ame et par conséquent à celle du baptême, sans lequel dogme le premier ne deviendrait bientôt plus qu'un système relégué parmi les hautes théories.

Nous prouvons par des faits dont tout le monde peut s'assurer que l'on compte aujourd'hui en France, par milliers, les pères de famille nés de parens chrétiens qui, ainsi que leurs enfans, n'ont encore reçu ni le baptême, ni aucune instruction religieuse quelconque. Au moyen d'une simple équation on pourrait calculer, si le système actuel est maintenu, à quelle époque le flambeau du christianisme s'éteindra en Europe.

Nous avons prouvé dans la première partie que Dieu est la source de toute bonne législation, qu'il est l'unique sanction qui ne manque jamais d'atteindre celui qui viole la loi dans le secret, et que jamais état ne fut fondé que la religion ne lui servît de base. Or le mariage n'est-il pas la source d'un état, n'est-il pas un état lui-même ? Mais comment la religion pourra-t-elle devenir et être la base de la société politique, si elle n'est aussi celle des petites familles dont se compose la grande famille ? comment le tout peut-il avoir ce que n'a point chacune de ses parties ? Le mariage doit donc être religieux.

Le CONTRAT DU MARIAGE est un serment; or le serment ne se fit jamais qu'au nom de la Divinité qui en est la seule sanction. Les époux ne peuvent donc être unis au nom de la loi civile. Les obligations qui, dans l'ordre moral, naissent de ce contrat, ne peuvent être remplies que par un acte de notre volonté : or Dieu seul peut, en l'éclairant, diriger la volonté de l'homme, sur laquelle la loi humaine ne peut avoir aucun empire. Il est donc impie autant qu'absurde de vouloir soutenir que le mariage doit, en tout, être formé et réglé par la loi civile, elle qui n'a d'empire que sur ce qui est corporel. Et quel est l'homme assez dégradé pour oser dire que tout est humain et corporel dans la société conjugale? n'avilirait-il pas cette société, ne ravalerait-il pas jusqu'à lui l'espèce humaine? Non, la loi civile n'a de pouvoir que sur les intérêts pécuniaires des époux; elle n'en a jamais eu d'autre : elle ne peut et ne doit régler que les clauses et qualités du CONTRAT DE MARIAGE qui se fait chez le notaire; elle n'a jamais fait ni pu faire autre chose.

Partout où le mariage a cessé d'être formé et d'être réglé par les lois de la religion, on a vu la société politique perdre son culte et ses garanties, et sa base devenir toute humaine; elle est devenue ruineuse et a disparu en perdant son solide appui, la religion, parce que celle-ci chassée de la société domestique avait emmené les mœurs avec elle et n'y avait laissé que les caprices, le droit du plus fort, et l'anarchie qui passèrent bientôt dans l'état et le bouleversèrent.

PRÉÉMINENCE

PRÉÉMINENCE
DE LA LOI RELIGIEUSE
SUR LA LOI CIVILE,

OU

ESSAI PHILOSOPHIQUE

SUR LEURS RAPPORTS.

CHAPITRE PREMIER.

BUT DE CET OUVRAGE.

Nous entreprenons d'écrire sur une matière grave ; les questions qui s'y rattachent sont grandes et délicates. Des hommes , qui à la profondeur du génie et à la force des pensées réunissaient l'élégance et la facilité du style , les ont traitées avant nous ; mais quels qu'aient été leurs talens et leurs succès, ils sont loin d'avoir épuisé la matière. C'est d'ailleurs sous un aspect nouveau que nous allons l'examiner. Notre thèse est générale, elle est de tous les temps et de tous les lieux, nous l'aurions soutenue devant les Prytanes comme sur le Forum ; Socrate et

Platon, Caton et Cicéron, encourageant nos efforts, auraient applaudi à nos principes. Nous sommes donc soutenus par l'espérance de semer dans cette discussion quelques aperçus nouveaux, et qui ne seront peut-être pas jugés sans intérêts par des hommes habitués à réfléchir.

Démontrer qu'il y a dans notre législation un vice radical, un vice dont les effets se multiplient chaque jour et deviennent de plus en plus funestes, un vice enfin qui tend à détruire dans l'esprit comme dans le cœur de l'homme toute espèce de croyance religieuse, et par conséquent toute morale et toute garantie pour la société ; telle est en partie la tâche que nous nous sommes imposée. Il nous restera, après avoir signalé les dangers de ce vice, à indiquer le remède que nos législateurs actuels, d'accord avec les principes religieux et la liberté des cultes, peuvent et doivent y apporter.

Dans la législation moderne on a regardé comme un chef-d'œuvre de l'esprit humain la loi qui a séparé et rendu indépendantes de tout culte religieux les trois principales époques de la vie : la Naissance, le Mariage et le Décès. L'admiration de notre siècle pour un tel chef-d'œuvre est encore une de ces déplorables anomalies dont l'esprit philosophique

de notre siècle nous a malheureusement offert
plus d'un exemple (1) ; et en effet qu'en ce qui
concerne le culte que nous devons à la Divinité
des législateurs formés à l'école des sophistes
aient imaginé que chacun individuellement pris
doit être libre de s'en acquitter à sa manière,
c'est un principe que leurs maîtres sont parvenus à établir, et que nous ne voulons, quant
à présent, ni examiner ni qualifier (2) ; mais
que par une fausse application de ce principe à
la société ces mêmes législateurs se soient crus
fondés à répudier Dieu lui-même, à l'exclure du
cœur de l'homme, à méconnaître l'obligation
dans laquelle nous sommes tous de lui rendre un
culte ; que loin de nous rappeler à l'idée salutaire de son existence, ils aient au contraire
cherché à soustraire, autant qu'il était en eux,
l'homme à l'influence de la Divinité, précisément aux époques de la vie où il a le plus besoin
de son assistance ; qu'ils aient tout fait en un mot
pour rendre l'homme, sinon athée comme leur
loi, au moins indifférent, comme la brute,
sur la nature de ses devoirs envers Dieu de qui

---

(1) Montesquieu. Esprit des Lois, chap.... (uniformité).
(2) Rome et Athènes auraient dévoué aux furies les
auteurs d'un tel principe.

I.

nous tenons tout ; c'est ce qui ne saurait être
toléré plus long-temps ; c'est ce qui révolte
tout homme en qui la philosophie moderne
n'a pas étouffé, avec le sens commun, l'amour
de la religion, de la justice et de ses semblables. Tel est le système de législation contre
lequel nous nous récrions : système non moins
absurde et ridicule, dans son application, que
dangereux et funeste dans ses résultats, ainsi
que nous nous proposons de le démontrer dans
cet ouvrage, tant par le raisonnement que par
le témoignage d'autorités non suspectes ; mais
avant indiquons sur quoi repose la société des
hommes.

CHAPITRE II.

Fondement de la société humaine.

Il existe un Dieu, cette vérité est trop géné-
ralement sentie pour que nous ayons besoin
d'en développer ici les preuves. Dans les siècles
qui ont précédé le nôtre, cette existence n'avait
jamais été niée que par un très-petit nombre
d'insensés dont le mépris ou l'indignation
publique ont eu bientôt fait justice. C'est à nos

philosophes devenus législateurs, c'est à cette
assemblée de SAGES, qui s'érigea il y a trente
ans en sénat conventionnel, qu'il était réservé
de proclamer, en même temps que la déchéance
des rois , celle de la Divinité elle-même (1).
Les terribles catastrophes qui suivirent sou-
dain l'établissement de l'effroyable système
que nous combattons n'ont que trop prouvé
l'insuffisance de la législation nouvelle, l'absurdité et les dangers qu'il y a d'isoler de l'idée
d'un Dieu nécessairement vengeur et rémunérateur l'idée des devoirs qui nous sont im-
posés , soit dans l'ordre légal ou civil, soit
dans l'ordre moral ou naturel. Ainsi donc en
partant du principe de l'existence d'un Dieu,
c'est-à-dire de l'existence d'un être créateur
de toutes choses , il nous reste à examiner
quelle est la fin pour laquelle toutes choses
ont été créées , et principalement celle pour
laquelle nous l'avons été nous-mêmes. Or il est
évident , pour quiconque voudra se donner la
peine d'y réfléchir, que comme l'homme est
le terme ou la fin de tout ce qui a été créé ,
de même Dieu est le terme unique et la

---

(1) Voir le Moniteur du 16 décembre 1792.

seule fin pour laquelle il a tiré l'homme du néant.

Mais si Dieu est notre unique fin, il est encore évident que ce ne, sera ni par l'oubli ni par l'outrage que nous arriverons jusqu'à lui. En nous donnant l'intelligence pour le connoître et la volonté pour l'aimer, Dieu nous a tracé la ligne que nous devons suivre. Il trompe donc les vues de la Divinité ; il s'écarte de la ligne qu'elle nous a tracée, celui-là qui est assez ingrat pour lui refuser le tribut de tout son amour ; il trompe encore ses vues sages et bienfaisantes ; il s'écarte encore de la ligne droite, celui qui fait à autrui ce qu'il ne voudroit pas qu'il lui fût fait : car, la Divinité est essentiellement juste, et ne peut pas ne pas traiter en coupable celui qui se livre à l'iniquité.

En vain nous dira-t-on que le code pénal est là pour réprimer les injustices, les fraudes et les violences. Certes, le code pénal atteindra-t-il le coupable qui vous aura frappé dans l'ombre ? Atteindra-t-il cet hypocrite emprunteur qui, trahissant tout à la fois votre obligeance qu'il sollicite et votre amitié dont il se rit, vient, sous le masque de la probité, et prétextant un besoin momentané, vous dépouiller du fruit de vos travaux ? Atteindra-t-il celui qui se souille du vice horrible de l'in-gratitude ? Atteindra-t-il le misérable et froid égoïste, l'infâme suborneur ? non. Atteindra-t-il le mensonge, l'envie, la perfidie, les haines secrètes, et tant d'autres vices ignobles et honteux ? pas davantage.

Quelles seront donc les garanties de la société en général, quelles seront les nôtres, quelles seront les vôtres contre tous ces désordres et tous ces vices ? En sera-t-il une seule ? non, aucune. Du moment qu'à la place de Dieu vous aurez substitué une loi purement humaine tous les liens qui unissent les hommes entr'eux seront rompus, la société sera placée sur le penchant de sa ruine, telle qu'une voûte privée de sa clef, le sort qui l'attendra sera une disso-lution soudaine et complète. Les hommes ver-tueux qui en feront partie n'auront plus qu'à s'isoler, et à s'enfoncer dans les déserts pour se soustraire aux coupables tentatives des mé-chans ; il nous faudra, tous tant que nous sommes, renoncer au bonheur pour lequel nous sommes nés, même à celui de faire du bien à nos semblables (1) ; il n'est pas jus-

---

(1) Ce furent moins les persécutions des empereurs romains que l'absence et le mépris de toute religion qui peuplèrent les déserts de la Thébaïde.

qu'aux méchans qui ne finiront par s'entre-détruire, ainsi que nous les avons vus le faire sous leur règne d'épouvantable mémoire.

Au contraire, admettez avec l'existence d'un Dieu l'obligation dans laquelle nous sommes tous de lui rendre un culte, et réglez ce culte; faites remonter jusqu'à lui la sanction des lois par lesquelles vous prétendez nous régir; rendez-le lui-même le vengeur des infractions secrètes, et bientôt tout rentrera dans l'ordre; votre système de gouvernement, quel qu'il soit, se consolidera; la société deviendra naturellement ce qu'elle doit être, c'est-à-dire une réunion de frères. Les individus, comme les choses, se dirigeront vers leur fin; vos chaînes, vos fers, vos cachots et vos bourreaux, en un mot tout l'appareil de votre justice criminelle, ne seront plus nécessaires que pour intimider et punir le petit nombre de ceux qui, persistant à méconnaître la Justice divine, seraient assez maladroits pour se laisser surprendre par la vôtre. C'est de leur exactitude à rendre à Dieu le culte d'amour, de soumission et de crainte qu'ils lui doivent que les hommes tirent les garanties qu'ils se donnent mutuellement entr'eux. Nous ne saurions mieux faire que d'emprunter dès à présent à l'un des plus

beaux génies qui aient honoré l'intelligence
humaine la manière sublime dont il expose les
principes de ce culte, qui sont aussi ceux de la
société humaine. « Les hommes, dit Bossuet,
» n'ont qu'une même fin qui est Dieu ; tu aimeras
» le Seigneur ton Dieu de tout ton cœur, etc.
» Cet amour de Dieu oblige tous les hommes
» à s'aimer les uns et les autres ; Dieu est
» notre père commun, et son unité est notre
» lien. Il est naturel que celui qui aime Dieu
» aime aussi pour l'amour de lui tout ce qui
» est fait à son image. Tous les hommes sont
» frères, enfans d'un même Dieu ; ils naissent
» tous d'un même homme qui est leur père
» commun, et qui porte en lui-même l'image
» de la paternité de Dieu. Chaque homme doit
» avoir soin des autres hommes ; car si nous
» sommes tous faits à l'image de Dieu et éga-
» lement ses enfans, si nous sommes tous
» une même race et un même sang, nous de-
» vons prendre soin les uns des autres : *Uni-*
» *cuique Deus mandavit de proximo suo.*
» Les hommes ont besoin les uns des autres.
» Dieu veut que chacun trouve son bien dans
» la société : c'est pourquoi il a donné aux
» hommes divers talens ; par cette diversité
» de dons, le fort a besoin du faible, le grand

» du petit, chacun de celui qui paraît le plus
» éloigné de lui, parce que le besoin rapproche
» tout et rend tout nécessaire. Jésus-Christ,
» en formant son Eglise, en établit les prin-
» cipes sur ce fondement, et nous montre
» quels sont les principes de la société hu-
» maine. »

CHAPITRE III.

*Source de toute bonne législation, et Esprit
dont il importe que tout législateur soit
pénétré.*

L'ÉDIFICE social étant fondé, comme nous
l'avons vu dans le chapitre précédent, sur la
reconnaissance d'un Dieu et sur la nécessité
de lui rendre un culte réglé par une autorité,
il en résulte que toute législation doit avoir
Dieu même pour principe comme elle a le bon
ordre et le bien de la société pour objet. Et
en effet, mettre un frein aux passions désordonnées des hommes; opposer à leur torrent une
digue qu'elles ne puissent rompre; établir un
juste équilibre entre les droits et les prétentions des citoyens; assurer l'existence et le

repos de chacun, et autant que possible le bonheur de tous ; prémunir le faible contre les violences du plus fort ; le pauvre contre l'ascendant du riche, et tous contre l'injustice et l'arbitraire, de quelque part qu'ils viennent, telle est la tâche imposée à tout législateur, tel est le but de sa noble mission. Mais comment remplir cette tâche, comment atteindre au but d'une si belle mission ? Sera-ce en ne donnant à la société que des lois dont la pénalité peut devenir illusoire ? des lois dont la sanction peut être à chaque instant éludée, méconnue ou méprisée ? non, très-certainement, non. De telles lois sont inefficaces pour maintenir l'ordre social ; elles n'empêcheront ni l'égoïste, ni l'avare, ni celui que la haine ou l'envie tourmentent ; en un mot elles n'empêcheront pas le méchant de travailler à la ruine des hommes avec lesquels il est en rapport, si son intérêt personnel est de les ruiner, si son mauvais cœur ou le désir de la vengeance l'y portent, et surtout s'il est certain d'avoir assez bien pris ses mesures pour n'avoir rien à redouter de la justice humaine.

Le bon ordre dans la société ne peut être maintenu que par des lois fortes, par des lois dont la sanction soit telle que nul ne puisse se flatter de les enfreindre impunément. Or de quelle nature sont ces lois ? Est-il au pouvoir de l'homme d'en créer de semblables sans le secours de la Divinité? non, il faut à cet égard que le législateur reconnaisse son impuissance, qu'il en fasse l'humble aveu, et qu'en dépit de son amour-propre il recoure à celui qui seul peut imprimer à son ouvrage le caractère dont il est indispensable que toute loi soit revêtue pour n'être ni méconnue ni bravée impunément.

Après avoir marqué l'étendue du pouvoir des lois civiles ; Filangeri, dans son immortel ouvrage de la Science du législateur, ajoute : « Mais l'ordre public EXIGE en même temps qu'un autre frein supplée à l'inaction de l'autorité (civile) ; qu'un autre tribunal, un autre juge, un autre code, règlent les habitudes cachées du citoyen, arrêtent ses passions secrètes, encouragent ses vertus obscures, dirigent vers le bien général les désirs mêmes qu'il ne doit point exprimer, et le forcent enfin à être juste, honnête et vertueux, même dans les lieux, les momens et les circonstances où il est loin des yeux de la loi et de ses ministres. Voilà l'OUVRAGE de la Religion, de cette puissance divine qui, éclairant seule l'intelligence de l'homme, réglant sa volonté et formant ses mœurs, doit fixer la première l'attention du législateur. »

Mais pour obtenir ces heureux résultats, il faut que la religion soit connue ; pour l'être, il faut encore la mettre en relation et contact avec l'homme qu'elle doit ainsi éclairer, diriger et former pour la société.

Qu'on ne nous accuse pas de parler ici le langage de ces hommes que l'on croit vouer au ridicule en les appelant *dévots*, ni d'émettre une opinion paradoxale ; car ce langage et cette opinion ont appartenu à des hommes dont le témoignage ne saurait être suspect ni sous le rapport religieux ni sous le rapport philosophique. *Socrate* et *Platon* n'étaient certainement pas des hommes à paradoxe sur ce sujet, et encore moins des dévots dans le sens qu'on semble attacher aujourd'hui à ce mot. Cependant au rapport de Platon voici comment s'exprimait Socrate en parlant aux législateurs, aux philosophes de son temps : « A moins qu'il » ne plaise aux dieux de vous envoyer quel- » qu'un pour vous instruire de leur part, vous » ne réussirez jamais dans le dessein de ré- » former les mœurs (1).

---

(1) Plat. in Apolog. Socrat.

» Le meilleur parti que nous ayons à pren-
» dre, c'est d'attendre patiemment ; oui , il
» faut attendre que quelqu'un vienne nous ins-
» truire de la manière dont nous devons nous
» conduire envers les dieux et envers les
» hommes (1). »

Pourquoi ces grands philosophes ont - ils
reconnu , eux qui avaient tant réfléchi , l'impuissance d'apprendre à l'homme ce qu'il se
doit à lui-même , ce qu'il doit à ses semblables et au Créateur ? Sur ces points essentiels
n'est-il pas évident qu'ils n'ont , malgré leurs
savantes leçons , rien appris aux hommes. Cependant qui a donc civilisé le monde, qui a tiré
Rome et Athènes de la barbarie ? qui a éclairé
et perfectionné la société et la raison humaine ?
C'est CELUI QUI ÉCLAIRE TOUT HOMME VE-
NANT AU MONDE. Pourquoi le plus sage des
philosophes de l'antiquité païenne , dont nous
venons de parler , se plaignait - il des bornes
étroites et de la faiblesse de sa raison ? Pourquoi disait - il que la vérité s'était retirée au
fond d'un puits ? c'est parce que l'Archétype
de la sagesse éternelle , le Verbe ou la parole
de vérité , n'était point encore descendu du

____

(1) Plat. in Alcibiad.

ciel ; c'est parce qu'il n'avait point encore pris
notre forme pour habiter parmi nous ; c'est
parce que le Médiateur ne s'était point encore
abaissé jusqu'à nous pour nous élever jusqu'à
lui , c'est-à-dire jusqu'à la vérité qui nous
instruit de notre origine , de notre fin , de tous
nos devoirs et du danger de ne pas les accomplir. Ainsi partout où il y a eu et où il y aura
soit ignorance , soit oubli de ce médiateur
entre l'homme et Dieu , il y a eu et il y aura
ignorance de la vérité ; par conséquent imper-
fection dans les lois , d'où résultent nécessairement la barbarie et l'oppression. Le perfectionnement de la civilisation et les progrès de
la raison de l'homme découlent donc de la
manifestation de la vérité. C'est donc vouloir
faire rétrograder la société vers la barbarie ,
c'est donc vouloir obscurcir la raison de
l'homme , c'est donc vouloir le régir par des
lois imparfaites , que de ne pas fonder sur le
christianisme celles qui sont destinées à régler
les rapports sociaux des hommes entr'eux. Lois
de crainte , lois d'esclavage ; nos lois civiles
rejettent la PERSUASION que les sages dont
nous parlerons ci-après ont toujours donnée
pour base à leurs lois , et qui seule nous donne
en tous temps et en tous lieux le sentiment

de nos devoirs et nous fait agir par amour de l'ordre et non par l'appréhension des supplices. Volontairement aveugles, leurs auteurs n'ont point voulu s'apercevoir que les lois civiles seules, avec tout l'appareil des supplices, ne peuvent contenir les citoyens dans le devoir; qu'avec ces seuls élémens, il ne peut exister de société ; que les lois civiles n'atteignent que les crimes publics, tandis que la religion, elle seule, atteint les crimes secrets ; que le prince ne commande qu'aux corps et que Dieu seul commande à l'esprit et punit la mauvaise action que le prince ignore ; que tout homme qui n'obéit que par crainte et non par devoir et par amour est un mauvais citoyen qui secouera le joug de l'obéissance à la première espérance de l'impunité. Pleins de confiance dans leurs belles maximes (1), et contre l'assentiment de tous les vrais sages, ils ont méconnu qu'il faut que l'homme soit pénétré de cette vérité, la plus utile de toutes les vérités morales et religieuses, la plus importante de toutes les vérités sociales ; que si les fautes échappent quelquefois à la punition des lois,

----

(1) Vos maximes sont belles, leur disait J. J. R.; mais de grâce montrez m'en la sanction.

elles

elles n'échappent jamais à l'œil et à la vengeance de Dieu ; que la justice divine atteint le méchant, l'injuste et le scélérat dans l'obscurité dont il s'enveloppe, ou que, si elle permet qu'il reste inconnu aux autres hommes, elle ne manque jamais de l'atteindre pour l'éternité. *Deus patiens, quia æternus.*

Il est donc subversif de toute harmonie, de tout ordre social ; il est donc ennemi de la sécurité et de la garantie des citoyens, il est donc ennemi du bonheur des peuples, ce divorce total et absolu des lois religieuses et des lois civiles ; produit philosophique, il est père de l'ignorance, de l'esclavage et de l'anarchie.

Ainsi nos législateurs en ne donnant à leurs lois qu'une base, qu'une autorité humaine, n'ont élevé leur édifice social que sur le sable mouvant des passions de l'homme, et le bourreau, lui seul, est de leurs lois la sanction suprême. Apprenez-nous donc, grands philosophes, dites-nous pourquoi, après s'être montrées pendant quelques siècles à l'univers, les grandes monarchies de l'antiquité ont disparu ? Pourquoi les lois de tant de nations superbes se sont englouties comme elles ? pourquoi Minos et Sésostris, Lycurgue et Solon, Numa

et Zaleucus ont cessé d'être obéis? Mais, dites-
nous aussi pourquoi la législation de Moïse
survit à celles de tous les peuples de la terre,
et comment ce législateur osa entreprendre et
vint à bout de faire « d'une troupe errante,
» servile, grossière et sensuelle à l'excès, un
» corps politique, un peuple libre, et tandis
» que cette horde errait dans les déserts sans
» avoir une pierre où reposer sa tête, il lui
» donna cette institution durable, à l'épreuve
» du temps, de la fortune et des conquérans,
» que cinq mille ans n'ont pu détruire ni même
» altérer, et qui subsiste encore aujourd'hui
» dans toute sa force, lors même que le corps
» de la nation ne subsiste plus (1)? » Reconnaissez enfin que tout ce qui n'a pas pour base
Dieu d'où émane toute vérité, Dieu principe,
source et unique sanction de tous nos devoirs
religieux et sociaux, n'est à l'épreuve de rien
et ne saurait subsister long-temps. Faux sages,
jusques à quand abuserez-vous les peuples et
les détournerez-vous de la route de leurs devoirs qui seule les conduit au bonheur? jusques
à quand travaillerez-vous pour le néant que
vous appelez de tous vos efforts sur vous et sur

---

(1) Rousseau J. J.

vos œuvres dignes en effet d'une telle fin ? et jusques à quand fuirez-vous l'immortalité que vous redoutez à juste titre ?

Nous avons dit que Dieu est la seule base et l'unique sanction des lois civiles, que celles-ci doivent par conséquent, pour atteindre à leur but, se rattacher aux lois religieuses et les avoir en tout pour appui. Nous allons examiner dans le chapitre suivant quel fut à cet égard le sentiment des anciens philosophes.

CHAPITRE IV.

Sentimens des anciens philosophes sur les bases de la législation.

Les plus grands philosophes, les plus grands législateurs de l'antiquité, qui avaient bien mieux réfléchi sur la nature de l'homme et sur sa fin ; qui, faisant un plus noble usage de leur raison, avaient médité plus profondément sur tout ce dont l'homme est capable, avaient senti que la paix et l'ordre des sociétés ne trouveraient pas de sanction ni de garanties suffisantes dans les principes d'une législation tout humaine, si ces principes n'étaient

protégés et conservés par l'influence salutaire
de la Divinité. Tous ont fait descendre d'en
haut leurs lois et les ont marquées du sceau
religieux et de la sanction divine. « Platon, dit
l'orateur romain (1), a cru, à l'exemple de
Zaleucus, de Charondas et d'autres sages, que
la loi doit donner quelque chose à la PERSUA-
SION, et ne doit pas s'en tenir uniquement à la
contrainte, aux menaces et aux châtimens. »

  « Premièrement, disent ces sages, que les
» citoyens soient pleinement convaincus que
» les dieux sont les maîtres et les souverains
» de toutes choses ; que tout se fait par leur
» puissance et leur bon plaisir; qu'ils comblent
» le genre humain de leurs bienfaits ; que
» leurs regards perçans démêlent l'intérieur
» de chacun de nous; qu'ils pèsent nos actions,
» scrutent nos intentions bonnes et mauvaises,
» et les dispositions que nous apportons à leur
» culte, et qu'ils tiennent un compte exact
» de ceux qui les honorent sincèrement et des
» impies qui les renient, afin de récompenser
» les uns et de punir les autres selon leurs
» mérites. »

Voilà les bases sur lesquelles des philoso-

---

(1) Cicero : *de Legibus.*

phes païens croyaient qu'il était nécessaire d'établir les lois destinées à rendre meilleurs les hommes, et à leur donner des garanties mutuelles de tranquillité et de bonheur. Faisant un noble usage des faibles lumières de la raison humaine, ils étaient parvenus à la découverte de cette grande vérité, que les lois sont insuffisantes lorsque les mœurs ne viennent pas à leur secours pour leur imprimer une force de persuasion ; mais où prendre et d'où tirer la règle des mœurs, si ce n'est de la religion ? d'où ils concluaient que sans religion il n'y a ni mœurs, ni lois, ni société possibles.

Tels sont les principes fondamentaux et nécessaires de toute société humaine, principes proclamés par tous les vrais sages, et que semble avoir méconnus le législateur français. En effet connaissait-il toute l'étendue de ses devoirs, avait-il pensé à l'importance et à la grandeur de sa mission, lorsqu'il a dit : « La » loi civile n'a aucun rapport avec la loi reli- » gieuse ; ces deux lois sont indépendantes » l'une de l'autre ; armées de moyens diffé- » rens, elles n'ont ni la même origine, ni » le même but. L'une n'étend pas ses vues aussi » loin que l'autre. La première doit se borner » aux affaires de cette vie, la terre est son

» unique partage ; la seconde s'occupe des
» choses de l'autre monde ; elle ne doit avoir
» que le Ciel pour objet. L'une ne s'exerce que
» sur la conduite et les actions extérieures des
» hommes ; l'autre agit sur les esprits et sur
» les consciences : le salut des ames est le
» terme de ses soins. Ces deux lois ne s'appli-
» quent pas aux mêmes individus. La loi civile,
» résultat de la volonté de tous , est faite in-
» distinctement pour tous les membres de
» l'Etat. L'interprétation n'en est pas confiée
» ou abandonnée à chaque citoyen. Ceux-ci
» n'ont pas le droit de l'entendre selon leurs
» intérêts ou selon leurs passions ; il n'en est
» pas de même des lois religieuses , elles
» diffèrent, quant à leur origine, et celles-
» mêmes qui en ont une commune s'inter-
» prêtent si diversement (hors de l'église
» romaine) qu'on peut dire qu'il y en a presque
» autant que de *raisons individuelles*. On a
» rempli tous ses devoirs quand on a satisfait
» aux lois civiles ; pourvu qu'il y ait une *bonne*
» morale et qu'on soit honnête homme , qu'im-
» porte qu'on croie à tel ou tel dogme (1)? »

----

(1) Voyez le Moniteur du 24 décembre 1791 et les
n.os 24, 297, 300 même année, discours des citoyens

Voilà bien, ce nous semble, l'objection dans toute sa force, et le chef-d'œuvre dans tout son étalage. Et d'abord ne paraît-il pas qu'en se dirigeant d'après ses principes le législateur français ait seulement prouvé que, législateur improvisé, il n'avait nullement réfléchi à la sublimité de sa mission; que préoccupé des idées du jour, qu'élevé à une mauvaise école, l'école des sophistes, il s'était trop laissé influencer par les circonstances du moment? Il a même oublié que la pensée du législateur doit être immortelle, et que, pour être telle, cette pensée doit descendre des cieux; il a oublié que l'édifice qu'il voulait construire devait avoir, pour être durable, une base plus qu'humaine, parce qu'il n'y a d'immortel que ce qui se rattache à la Divinité.

Pour mettre le faux brillant du chef-d'œuvre dans tout son jour, remontons au principe, à la source de toute autorité civile et religieuse; écoutons la voix de cette Vérité qui, pour ces grands hommes, Socrate, Platon, etc., n'était pas encore sortie du fond de son puits pour les éclairer de sa divine lumière.

Hilaire et Ducos. Dans l'année 1791, voyez les n.ºs 47, 78, 102, 172, 175, 179, 180, 181, 182, 190. Discours des citoyens Muraire, Vergniaux, et Pastoret.

CHAPITRE V.

Source commune de l'autorité pontificale et royale.

Lorsque le Tout-Puissant eut fait jaillir du néant cet admirable univers, et en eut disposé les diverses parties avec autant de sagesse que d'harmonie, il appela à l'existence l'homme, le plus parfait de tous les êtres qu'il eût créés jusqu'alors. Dieu avait fait toutes choses pour l'homme; il fit l'homme seul pour soi-même, mais il le fit capable d'apprécier la beauté de l'ouvrage qu'il avait fait pour lui, et d'en « témoigner sa reconnaissance à son créateur, » c'est à-dire il le fit capable de le connaître » et de l'aimer (1). » Après avoir façonné d'argile le corps périssable de l'homme, l'Eternel l'anima d'un souffle impérissable comme lui-même, tenant de sa nature et semblable à lui. Or comme Dieu est le seul souverain bien, qu'il est de sa nature qu'il se connaisse et qu'il s'aime lui-même; et comme c'est dans cette connaissance et dans cet amour que consiste sa félicité, de même la nature et la félicité de

______

(1) Domat.

l'homme, doué d'intelligence pour connaître et de volonté pour aimer, consistent aussi dans la connaissance et dans l'amour de l'auteur de son être : c'est ce qui constitue la ressemblance de l'homme avec Dieu ; c'est ce qui établit les rapports de leur société, liens admirables qui unissent la créature intelligente à son créateur, et qu'on appelle religion. O religion ! sentiment d'admiration et de reconnaissance, tu es tout amour et n'es qu'amour !

La religion naquit donc avec l'homme : on ne peut donc pas plus concevoir l'homme sans religion qu'on ne peut le concevoir sans sa nature ; sans religion, tout est désordre, tout est confusion, incertitude pour l'homme ; sans religion, l'homme est à lui-même un problème insoluble. Voulant établir dans l'ordre intellectuel la même harmonie que dans l'ordre physique ; voulant que l'un et l'autre eussent des lois et des règles propres à les faire parvenir à leur but, Dieu en révélant à l'homme la parole, moyen nécessaire de sociabilité, lui révéla aussi les vérités, les préceptes et les lois dont la connaissance lui était nécessaire pour lui faire remplir sa destinée, et pour le diriger dans l'accomplissement de ses devoirs envers l'auteur de son être et envers ses semblables. Le premier législateur du genre humain fut donc le Tout-Puissant lui-même ; ses lois furent tout à la fois des lois religieuses et civiles ou politiques ; religieuses, elles déterminaient les rapports de l'homme avec Dieu ; civiles ou politiques, elles embrassaient les rapports des hommes entr'eux : le père de famille fut chargé par le législateur suprême de l'exécution de ce double code. Le sacerdoce et la royauté furent donc primitivement réunis dans la même personne ; c'est ce que nous attestent les monumens des nations les plus anciennes. Chaque père de famille exerçait cette double autorité qu'il avoit reçue de Dieu sur la société dont il était la tige et le chef naturel (1). Ces deux puissances restèrent dans les mêmes mains tant que le permit l'état de la société humaine. La prodigieuse multiplication des hommes, leurs relations plus étendues, de nombreuses occupations, des intérêts opposés firent séparer ces deux pouvoirs que l'on trouve réunis chez tous les peuples de l'antiquité, au moment de leur établissement sur

---

(1) Ce titre de chef se changea par la suite en celui de roi dont, dans le principe, il n'avait été que l'équivalent. Condillac, Hist. ancien.

la surface de la terre ; leurs chefs furent tout
à la fois rois et pontifes. Abraham , allié du
Très-Haut, sacrifiait au Seigneur de la même
main qui avait vaincu les cinq rois ligués, lorsqu'ils s'en retouranient victorieux et chargés
des riches dépouilles de la fertile Pentapole. Le
roi de Salem bénit comme pontife de l'Eternel
ce patriarche vainqueur. Tel fut constamment
l'état des choses avant que les hommes eussent
passé de l'état de société purement domestique
ou de famille à l'état de société civile ou de
nation. Ce passage , résultat de l'oubli des
lois primitives et de celui qui les avait faites,
présente divers caractères chez les différens
peuples de la terre. Il n'eut rien de fâcheux
pour ceux qui conservèrent plus purement la
connaissance du vrai Dieu , et qui furent plus
dociles à sa voix.

A mesure que la postérité d'Israël s'augmen-
tait, l'unité et en même temps l'autorité du
père de famille se divisaient et par conséquent
se détruisaient. Cette nombreuse descendance ,
perdant de vue l'unité de pouvoir, n'allait bientôt
plus former une même famille , une nation dis-
tincte ; elle allait se fondre et se perdre dans
la nation égyptienne « chez laquelle le vrai
» Dieu n'était déjà plus connu comme le Dieu

» de tous les peuples de l'univers , mais seu-
» lement comme le Dieu des Hébreux : ce
» monde qu'il avait fait pour manifester sa
» puissance était devenu un temple d'idoles.
» La connaissance de ce grand Dieu allait dis-
» paraître de dessus la surface de la terre où
» tout était dieu, excepté Dieu lui-même (1); »
lorsque touché de compassion pour celui qu'il
avait fait à son image le Seigneur résolut « de
» ne pas abandonner plus long-temps à la seule
» mémoire des hommes le mystère de la religion
» et de son alliance; il était temps de donner
» de plus fortes barrières à l'idolâtrie qui inon-
» dait tout le genre humain, et achevait d'y
» éteindre les restes de la lumière naturelle. »

CHAPITRE VI.

*L'autorité pontificale et l'autorité royale
sont séparées sans devenir indépendantes.
Motifs de cette séparation.*

CETTE ancienne législation était donc insuffi-
sante pour s'opposer à l'envahissement universel de ces épaisses ténèbres. A un nouvel

---

(1) Bossuet, Dis. sur l'Hist. univ. (Religion).

état de choses, à de nouveaux besoins sociaux, il fallait d'autres lois dont l'interprétation et l'exécution ne devaient plus être abandonnées au bon plaisir et à l'arbitraire de chaque individu. L'autorité du père de famille étant considérablement affaiblie par suite de la marche des choses, et ne pouvant plus être exercée comme sous le régime patriarcal, l'établissement d'une autorité sociale ou générale qui planât sur toutes les autorités naturelles et privées, c'est-à-dire sur l'autorité de chaque père de famille, devint nécessaire pour rendre possible et pour perpétuer l'existence d'un nouveau genre de famille qu'on appela nation, société civile, grande famille composée des sociétés particlles, c'est-à-dire de toutes les familles particulières. Puisque les rapports entre les hommes devaient changer, Dieu donna lui-même une sanction actuelle à la loi primitive, ainsi que le type du nouvel ordre des choses. A la vérité ce type n'était pas le plus parfait sous certains rapports. Dieu sembla s'accommoder aux circonstances, la dureté et la malice du cœur humain en furent cause ; mais semblable à l'étoile du matin, ce nouveau code de loi brillait seul au milieu des ténèbres : il était le précurseur d'une MEILLEURE

NOUVELLE (1). Comme l'aurore, il habituait et préparait les hommes à voir une lumière plus radieuse et plus pure. Dans cette nouvelle législation Dieu se proclame d'une manière digne de lui le chef suprême de la nouvelle société à laquelle il donne toujours pour fondement l'autorité religieuse et politique ; mais ces deux autorités cessent d'être dans les mêmes mains ; l'encensoir et le sceptre, la tiare et le diadême sont séparés sans devenir indépendans. Les besoins de la nouvelle famille, le bonheur des hommes, la conservation de la société et de la loi qui en est la base, l'exigeaient ainsi. En effet, plus la puissance de l'homme est illimitée, plus l'abus en est terrible. Pour le prévenir, l'ami de l'homme établit un sacerdoce dont il fixa les droits et traça les devoirs : l'administration civile fut confiée à d'autres mains. Cependant « une liaison in- » time unit le dogme et les lois (2) ; » ces deux puissances se prêtent un mutuel secours, se surveillent et se contre-balancent réciproquement, toujours dans l'intérêt et pour le bonheur des peuples, parce que ce bonheur ne

____

(1) De l'Evangile.
(2) Montesquieu.

peut naître que de l'ordre qui est essentiellement le but commun auquel elles visent toutes
deux.

Le sacerdoce, lieutenant visible du Très-
Haut sur la terre, avertit de leur devoir les
puissances du monde quand elles s'en écar-
tent, et les somme au nom d'un Dieu tout-
puissant, juste et bon, de qui elles tiennent
leurs pouvoirs, de gouverner les peuples avec
justice et avec bonté. Et telle est l'essence de
la suprématie de la puissance religieuse sur la
puissance politique, suprématie qui doit être
en tout temps l'objet des désirs et de la bénédiction des peuples, parce que l'Evangile seul
brise tôt ou tard le joug des tyrans et affermit
une autorité paternelle. Oui, le code évangélique sera toujours le foyer sacré où les amans
d'une sage liberté viendront ranimer les sentimens généreux qui apprennent à l'homme
quelle est sa dignité, quand il ne connaît de
maître que Dieu lui seul.

Voyons maintenant ce qui se passa chez les
hommes qui oublièrent celui qui les avait
créés, et qui les avait doués des plus nobles
facultés. Fermant leur cœur à son éternelle
lumière, ils tombèrent dans la barbarie, se
ravalèrent au dessous de la brute, et devinrent le

jouet et les victimes de leurs passions sans frein.
Mus par des sentimens d'humanité et peut-être
de gloire, quelques hommes rares et supérieurs
résolurent de ramener l'ordre, et la justice ; de
détruire l'épouvantable anarchie qui désolait
la terre, et de faire vivre en société, et dans
une mutuelle dépendance de services et de secours, des hommes qui, chacun en particulier,
ne connaissant d'autre loi que celle du plus
fort, d'autre sécurité que celle que leur pro-
curait la force de leur bras, d'autres liens que
ceux que formait l'intérêt ou le besoin du
moment ; des hommes qui, vivant dans une
indépendance décevante et tyrannique, et ne
pouvant jamais compter sur rien, sans cesse
exposés aux attaques des animaux carnassiers
ou à celles de leurs semblables plus à redouter
encore, étaient forcés à chaque moment de
disputer contr'eux leur vie et des alimens
grossiers et sanglans. Pour faire cesser un pareil état de choses, que firent ces hommes que
l'histoire appelle à juste titre législateurs,
sages, demi-dieux ? tous parlèrent, tous pu-
blièrent leurs lois au nom du Ciel. Pourquoi ?
sans doute parce qu'ils sentaient, parce qu'ils
savaient par expérience que, quelque bonnes
que fussent ces lois, elles ne pouvaient trouver

dans

dans toute l'autorité humaine cette sanction qui ne manque jamais d'atteindre celui qui les enfreint. Tous établirent donc ou favorisèrent une religion , et ce fut sur cette base qu'ils élevèrent leur édifice social. Les sociétés civiles n'ont donc commencé dans l'univers qu'avec l'établissement d'une religion manifestée et conservée par un culte public et des cérémonies religieuses. « On trouve partout ,
» dit Condorcet , l'idée des puissances surna-
» turelles , et partout à côté de cette idée on
» voit s'élever ici des princes pontifes , là des
» familles ou tribus sacerdotales , ailleurs des
» colléges de prêtres. Cette distinction de pro-
» fession dont , à la fin du XVIII.ᵉ siècle , le
» clergé nous offre encore des restes , se trouve
» chez les sauvages les moins civilisés , et elle
» est trop générale , on la rencontre trop cons-
» tamment à toutes les époques de la civili-
» sation , pour qu'elle n'ait pas son fondement
» dans la nature même (1). » Le législateur

---

(1) Cet aveu , dit M. de Bonald , est inconcevable dans la bouche d'un écrivain qui veut ôter à l'homme toute idée de divinité et de religion ; si ce sentiment de la Divinité , ajoute-t-il , est dans la nature de l'homme , l'homme ne l'a donc pas reçu de l'homme. Ce sentiment

français a donc agi contre la nature, en sépa-
rant sa loi de toute idée religieuse. « Jamais
» état ne fut fondé que la religion ne lui servît
» de base, » dit le citoyen de Genève. Or les
bases d'un état ne sont autre chose que les lois
qui le régissent : donc ces lois doivent être
religieuses. Toutefois dans les religions qui
n'eurent pas le vrai Dieu pour auteur, ces bases
religieuses ne servirent qu'à étayer les vues
politiques ou personnelles des fondateurs d'états,
aux intérêts desquels furent toujours sacrifiés
ceux de la religion qu'ils faisaient parler selon
leurs besoins ou leurs passions, parce qu'ils en
étaient les chefs ou premiers pontifes. Il n'en
fut pas de même de la vraie religion « éloi-
» gnée par sa nature du pur despotisme ; cette
» religion ordonnant aux hommes de s'aimer(1),
» veut que chaque peuple ait les meilleures
» lois politiques et les meilleures lois civiles,
» parce qu'elles sont APRÈS elle le plus grand
» bien que les hommes puissent donner et
» recevoir : il ne faudra donc que très-peu

---

est donc vrai, il est donc indestructible ; donc le philosophe qui veut le détruire est un insensé et un corrupteur. (Théorie du pouvoir polit. et relig. liv. 6, p. 487).
  (1) Montesquieu, Esprit des Lois, l. 24, c. 1 et 2.

» d'équité , dit ce grand homme, pour voir
» que je n'ai jamais prétendu faire céder les
» intérêts de la vraie religion aux intérêts de
» la politique, mais les unir : or pour les unir
» il faut les connaître ; » c'est ce que nous
allons examiner dans le chapitre suivant.

CHAPITRE VII.

*De la mutuelle dépendance des droits et
des devoirs de la religion et de la politique.*

LES intérêts de la religion et de la politique
se composent de droits, de devoirs et de
moyens pour atteindre à leur but commun qui
est l'ordre , et par suite le bonheur des peuples. Le sage Domat va nous instruire sur
quelques-uns de ces points importans et nous
faire connaître les intérêts de ces deux puissances, pivots de la société, sans l'un desquels
elle ne peut exister (1).

(1) Il faut dire de ces deux pouvoirs ce que Thémis-
tocle disait de la puissance rivale de Sparte et d'Athènes :
Détruire la puissance de l'une, c'est rendre la Grèce
boiteuse, c'est compromettre sa liberté. Qu'a produit

« L'esprit de la religion est de ramener les
» hommes à Dieu par la lumière des vérités
» qu'elle enseigne, et de les tirer des égare-
» mens de l'amour-propre pour les unir dans
» l'exercice des deux premières lois (l'amour
» de Dieu et du prochain). L'essentiel de la
» religion regarde donc principalement l'in-
» térieur de l'esprit et du cœur de l'homme
» dont les bonnes dispositions devraient être
» le principe de l'ordre extérieur de la société ;
» mais comme tous les hommes n'ont pas cet
» esprit de la religion, et que plusieurs même se
» portent à troubler cet ordre extérieur, l'es-
» prit de la police (1) est de maintenir la
» tranquillité publique entre tous les hom-
» mes (2), et de les contenir dans cet ordre
» indépendamment de leurs dispositions dans

---

en Angleterre et en Russie l'assujettissement de la religion à la puissance temporelle? Le sceptre y a prostitué
l'encensoir, et la religion y vit avilie dans ses ministres
comme dans son exercice.

(1) Il faut entendre ici par police (de πολις, εως la ville,
la cité), toute règle des actions des hommes vivant en
société, tandis que les lois de la morale ou de la religion
sont les règles de la volonté de l'homme, ou si l'on veut
de l'homme domestique et privé.

(2) Ut quietam et tranquillam vitam agamus. Tim. 22.

» l'intérieur, en employant même la force et
» les peines selon le besoin; et c'est pour ces
» deux différens usages de la religion et de la
» police que Dieu a établi dans l'une et dans
» l'autre des puissances dont il a proportionné
» le ministère à leur esprit et à leur fin. Ainsi
» comme la religion ne tend qu'à former les
» bonnes dispositions dans l'intérieur, *Dieu*
» *donne aux puissances* qui en exercent le
» ministère une autorité spirituelle qui ne
» tend qu'à régler l'esprit et le cœur, et à
» insinuer l'amour de la justice sans l'usage
» d'aucune force temporelle sur l'extérieur ;
» au contraire (1) le ministère des puissances
» temporelles qui ne tend qu'à régler l'ordre
» extérieur s'exerce avec la force nécessaire
» pour réprimer ceux qui n'aimant pas la jus-
» tice se portent à des excès qui troublent
» cet ordre (2).

» Ainsi les puissances spirituelles instrui-
» sent, exhortent, lient et délient dans l'inté-

---

(1) Argue, obsecra, increpa in omni potentiâ et doc-
trinâ. Timoth. 4 , 2 , non quia dominemur fidei vestræ.
2. Cor. 1 , 23.

(2) Non sine causâ gladium portat; Dei enim minister
est , vindex in iram ei qui malum agit. Rom. 13 , 4.

» rieur et exercent les autres fonctions propres
» à ce ministère ; leur esprit demande que les
» plus méchans vivent pour devenir meilleurs ;
» les armes et les peines qu'elles emploient
» pour les ramener aux devoirs qu'ils ont vio-
» lés , sont la douceur et la persuasion.

» Les puissances temporelles commandent
» et défendent dans l'extérieur , maintiennent
» chacun dans ses droits , dépossèdent les
» usurpateurs, châtient les coupables et pu-
» nissent les crimes par l'usage des peines et
» des supplices proportionnés à ce que de-
» mande le repos public ; elles ordonnent tout
» ce qui est nécessaire pour le maintenir et
» punissent même du dernier supplice ceux
» qui le troublent d'une manière qui mérite
» ce châtiment.

» Mais ces différences entre l'esprit de la reli-
» gion et de la police , et entre le ministère
» des puissances spirituelles et temporelles ,
» sont unies dans leur fin commune qui est
» de maintenir l'ordre et elles s'y entr'aident
» réciproquement ; car c'est une loi de la
» religion et un devoir de ceux qui en exercent
» le ministère, d'inspirer et de commander à
» chacun l'obéissance aux puissances tempo-
» relles , non-seulement par un sentiment de

» crainte de leur autorité et des peines qu'elles
» imposent , mais par un devoir essentiel ,
» par un sentiment de conscience et d'amour
» de l'ordre (1).

» D'un autre côté , c'est une loi de l'admi-
» nistration temporelle et de ceux qui en rem-
» plissent le ministère , de maintenir l'exer-
» cice de la religion et d'employer même
» l'autorité temporelle et la force contre ceux
» qui en troublent l'ordre. Ainsi ces deux
» ministères s'accordent et se soutiennent
» mutuellement ; mais comme les moyens
» employés par l'un sont des moyens de
» douceur et d'indulgence , et que ceux dont
» se sert l'autre sont des voies de rigueur et
» de sévérité , Dieu a séparé ces deux minis-
» tères , afin que l'esprit de la religion , qui
» règle l'intérieur et qui doit s'insinuer dans
» les cœurs des hommes par l'amour de la

---

(1) Omnis anima potestatibus sublimioribus subdita
sit: non est enim potestas nisi à Deo : quæ sunt autem
à Deo , ordinata sunt. Itaque qui resistit potestati, Dei
ordinationi restistit. Rom. 13 , 1.

Ideò necessitate subditi estote , non solùm propter
iram , sed etiam propter conscientiam. Rom. 13 , 5 , 1.
Petr. 2 , 13. Sap. 6 , 4.

» justice et par le mépris des biens temporels,
» fût inspiré par d'autres ministres que par les
» puissances temporelles qui sont armées de
» la terreur des peines et des supplices pour
» maintenir l'ordre extérieur et dont le mi-
» nistère regarde principalement l'usage des
» biens temporels. Il a été si essentiel à ces
» deux ministères qu'ils fussent distingués
» et que la puissance spirituelle fût séparée
» de la temporelle, qu'encore qu'elles fussent
» naturellement unies en Dieu, quand il s'est
» rendu visible pour établir son règne spiri-
» tuel, il s'est abstenu de l'exercice de sa
» puissance sur le temporel : Mon royaume,
» dit-il, n'est point de ce monde, rendez à
» César ce qui est à César, à Dieu ce qui est
» à Dieu. Ainsi, pour marquer que l'usage de
» la puissance temporelle devait être séparé
» de son règne spirituel, il laissa non-seule-
» ment cette puissance aux princes, mais il
» ordonna de leur obéir et voulut en montrer
» l'exemple lui-même.

» Il suit de toutes ces vérités que les puis-
» sances spirituelles ont leur exercice dans ce
» qui regarde le spirituel et qu'elles ne s'in-
» gèrent pas dans le temporel : que les deux
» ministères sont établis immédiatement de la

» main de Dieu , et que ceux qui exercent la
» puissance dans l'un des deux sont soumis
» à ceux qui exercent celle de l'autre , en ce
» qui en dépend. Et aussi voit-on que ceux
» qui ont été animés de l'esprit de Dieu ont
» formé leur conduite sur ces mêmes règles
» et ont marqué la soumission due à chacune
» des puissances de ces deux ordres. Ainsi,
» lorsque Dieu choisit Nathan pour le minis-
» tère spirituel de la correction de David ,
» roi adultère et assassin d'Urie ; » saint Am-
broise de celle de Théodose-le-Grand , incen-
diaire de Thessalonique et boucher de l'immense population de cette grande ville ; saint
Germain de celle de Chérébert dont l'incon-
tinence effrénée portait la désolation et le
déshonneur dans toutes les familles ; Urbin II
de celle de Philippe Ier , imitateur de David ;
enfin lorsque la plupart des évêques de France
et surtout celui de Lysieux s'opposèrent avec
force aux ordres sanguinaires de Charles IX ;
« la puissance temporelle de ces princes
» n'empêcha pas que ces saints personnages
» ne leur parlassent avec une force digne de
» l'autorité du ministère qu'ils exerçaient. »
Si dans l'intérêt des peuples , de l'humanité
et de la morale publique outragées , ces mi-

nistres de la religion firent entendre leur voix, ces mêmes ministres se montrèrent soumis et respectueux envers ces princes dans tout ce qui tenait à la direction des affaires temporelles.

« Il serait facile de faire voir par de pareils
» exemples comment il faut distinguer l'auto-
» rité des puissances spirituelles de celle des
» puissances temporelles, et de quelle manière
» les ont exercées ceux qui se sont conduits
» par les justes règles (1), en se bornant à
» leur ministère sans toucher à l'autre. Mais
» il suffit, pour le dessein qu'on s'est proposé,
» d'avoir donné cette idée générale des deux
» ministères de la religion et de la police pour
» y discerner l'esprit et l'usage de l'une et de
» l'autre, et pour y voir les principes qui les
» concilient et qui les distinguent, et pour
» juger par toutes ces vues des manières dont
» elles concourent à l'ordre de la société. »

Il faut donc reconnaître que les lois civiles et religieuses ont entr'elles les rapports les plus intimes ; qu'elles ont toujours eu le même but, celui de procurer et d'assurer la tranquil-

---

(1) Voyez sur ces *justes* règles les arrêts du parlement, du 20 juillet 1729, et du 23 février 1730, qui se permit de condamner la mémoire d'un homme à qui l'Europe est surtout rédevable de sa civilisation. Grégoire VII!!!

lité et le bonheur des citoyens en maintenant entr'eux la plus grande harmonie. On ne peut donc douter que la religion et les lois civiles n'aient leur fondement commun dans l'ordre et les vues de Dieu qui seul est roi , législateur et juge souverain du genre humain. Le pontife et le prince tiennent de lui seul toute leur autorité (1) : ils ne règnent que par lui ; mandataires de lui seul, à lui seul ils doivent rendre compte de leur conduite, compte d'autant plus rigoureux et terrible qu'il les élève

---

(1) Cette doctrine n'est pas nouvelle ; dogme conservateur de la tranquillité et de la société politique, il a été posé et reconnu par toute l'antiquité , comme leur principale base. « Les rois sont les lieutenans de Jupiter » (disent Homère et Hésiode), c'est lui qui les a placés » sur le trône. » Selon Confucius « les princes ont reçu » du Ciel leur commission. » Zoroastre pose comme axiome « qu'Ormudz ou le bon principe a établi les rois » pour gouverner les peuples. » *Regum timendorum in proprios greges , reges in ipsos imperium est Jovis..... cuncta supercilio moventis* , dit Horace.

Le code religieux des Chrétiens proclame les mêmes principes , mais nulle part la puissance souveraine n'est plus tempérée ni plus sagement réglée que chez les nations éclairées pas les lumières de l'Evangile; partout ailleurs on voit établis le despotisme et l'esclavage, partout ailleurs règnent la haine et la crainte servile.

plus au dessus des autres hommes dont ils doivent protéger et assurer le bonheur et le salut
par le règne de l'ordre et de la justice, en employant des moyens différens, mais toujours
en harmonie, parce que toute puissance qui
vient de Dieu est une puissance réglée. Or la
règle c'est la loi, son interprétation c'est la
félicité des peuples, et telle est la volonté du
Tout-Puissant. Ainsi malheur au prince, malheur
au pontife qui mettrait sa volonté personnelle
à la place de celle de la loi ou qui laisserait
introduire l'arbitraire. L'Eternel tournera sa
face contr'eux ; autour de leur trône

> Répandra cet esprit d'imprudence et d'erreur
> De la chute des rois funeste avant-coureur.

La nécessité de l'harmonie dont nous venons
de parler est démontrée par Montesquieu dans
le passage suivant : « Comme la religion et les
lois civiles doivent tendre principalement à
rendre les hommes bons citoyens, on voit que
lorsqu'une des deux s'écartera de ce but l'autre
y doit tendre davantage ; moins la religion
sera réprimante, plus les lois civiles doivent
réprimer (1). Il est dangereux, dit-il ailleurs,

____

(1) Livre 24, chap. 14.

que les lois civiles permettent de leur côté ce que la religion doit condamner. » Or la religion doit condamner, et condamne en effet, la coupable indifférence que les pères apportent à faire recevoir et instruire leurs enfans dans la société chrétienne, et qu'ils privent par là de l'ineffable bienfait de la rédemption : en cas de mort ils les exposent donc à la privation des jouissances éternelles. *Omnes nascimur filii iræ.* (S. Paul, Ephes. 2, 3, 1.)

La religion de l'Etat condamne les mariages qui ne se font pas selon les lois de l'Evangile : donc la législation actuelle qui proclame ces mariages bons et valables fait une chose dangereuse ; donc elle doit être réformée.

CHAPITRE VIII.

Objections.

1.° LE baptême n'est pas du ressort des lois civiles.

Si par les lois civiles vous entendez celles qui règlent seulement entre les citoyens des rapports d'intérêts ou plutôt des rapports matériels, votre objection n'a encore qu'une apparence de force ; mais si vous entendez celles qui règlent aussi des rapports moraux et d'harmonie, nous répondrons : Tout ce dont l'oubli peut mener au désordre, tout ce qui peut compromettre la tranquillité publique, l'existence de la société et de la loi elle-même qui en est la base, est éminemment et essentiellement du ressort de la loi civile. Or tel est le précepte du baptême. Où conduirait l'oubli de la loi religieuse qui consacre l'enfant à Dieu par cette cérémonie ? Il conduirait infailliblement à l'horrible coutume de l'infanticide, parce que où la véritable loi est oubliée là naissent nécessairement des lois fausses et des coutumes contre nature (1). Dieu seul est la source de toute vérité, il est la règle par excellence. Or comme il faut une loi à l'homme puisqu'il lui faut une société, il tombera dans le vague et dans l'erreur, dans le désordre et dans la barbarie, toutes les fois qu'il s'écartera de la parole de celui qui est lumière et vérité. En effet supposez deux femmes

---

(1) Il n'y a pas de pays où cette vérité soit mieux démontrée qu'au Japon et dans la Chine où l'on ne reconnaît pas le dogme de l'immortalité de l'ame que le baptême enseigne et consacre dans la cabane du pauvre comme dans le palais des rois.

l'une nourrie des principes religieux et l'autre sans ces mêmes principes, leur faiblesse les a rendues mères. La dernière, si elle croit pouvoir échapper au bourreau, ne balancera pas à détruire son fruit, soit pour échapper à la honte, soit pour se débarrasser d'une charge pénible. Il n'en sera pas de même de la première; elle appellera sur elle les secours de la religion et de la société, les principes religieux fortifieront en elle les sentimens de la nature, et son fruit sera sauvé.

2.° Le père seul est le maître de faire ou ne pas faire baptiser ses enfans; s'il n'est pas lui-même persuadé de la nécessité de cet acte religieux, personne n'a le droit de l'y forcer. On peut rappeler ici la loi des XII tables, parfaitement applicable au sujet : *Uti pater familias legassit supra pecunia tutelare rei suœ, ità jus esto.* Voilà un principe fondamental de cette législation qui passe pour le code de la raison écrite. Il n'y a rien à répondre à cela.

À cela il faut répondre qu'il est malheureux, autant pour ce père de famille que pour la société, que cet homme ne soit pas persuadé de la nécessité de ce dogme religieux, parce que ce dogme a pour base celui de l'immortalité de l'ame, ou plutôt n'est que la croyance à une vie future où chacun sera récompensé selon ses œuvres. Or c'est méconnaître, c'est renverser cette base, c'est détruire cette croyance protectrice de la société civile que de ne pas reconnaître la nécessité de cette pratique religieuse ; car c'est ne pas vouloir la fin que de rejeter les moyens d'y atteindre, et c'est ce que fait ce père insensé.

Vous ajouterez sans doute que le baptême n'est pas une pratique religieuse universellement reconnue et adoptée par tous les peuples, et qu'en conséquence on ne peut et on ne doit pas plus s'en occuper que de toute autre.

Sans admettre ni sans prouver dans ce moment l'universalité du baptême, il faut reconnaître dès à présent qu'il est nécessaire que le législateur exige l'observance d'une pratique ou cérémonie religieuse quelconque, qui soit pour l'homme, à son entrée dans la vie, une sorte d'initiation au dogme si important de l'immortalité de l'ame. Ainsi embaumez les corps, faites subir au défunt un jugement en présence de tout le peuple, comme le faisaient les Egyptiens ; faites-vous circoncire comme les Juifs (1),

---

(1) Selon le juif Philon, *de circumci*, cette pratique était un symbole de la circoncision du cœur ; figure du

faites-vous

faites-vous enterrer avec votre meilleur cheval
et ce que vous avez de plus précieux, comme
le faisaient les Scythes ou Tartares ; et pour
vous assurer doublement l'immortalité, com-
battez vaillamment ; pourfendez les ennemis
de votre patrie, et que les Bardes chantent
sur votre tombeau l'hymne funèbre, afin de
vous ouvrir la porte des *palais aériens de vos
pères*, comme cela se pratiquait chez les nations celtiques et du nord, etc. N'importe,
vous trouverez partout le même résultat : on
arrive souvent au même but par des voies différentes. Quant à présent, et pour le sujet qui
nous occupe, il s'agit seulement de choisir
entre ces différens moyens. Mais, législateur
chrétien, choisirez-vous, pour initier des citoyens nés de chrétiens au dogme de l'immortalité de l'ame, d'autre cérémonie que celle
du baptême ; et si parmi les citoyens il se
trouve des Juifs, qu'ils soient tenus de pratiquer
la circoncision, et surtout, comme le dit un de
leurs docteurs, la circoncision du cœur, c'est-à-
dire de cette cupidité immodérée de gain qui les
porte à tromper et à vendre tout le monde, et
tout n'en ira que mieux.

---

baptême actuel, elle obligeait le circoncis à l'observation
de toute la loi. Saint Paul aux Galat. c. 3, ⍐. 3.

Maintenant que nous avons prouvé la nécessité d'une cérémonie religieuse pour rappeler
et conserver le dogme de l'immortalité de
l'ame, si vous croyez à l'Evangile, et si vous
voulez pratiquer la sublime morale qu'il enseigne, n'allez pas demander si le baptême est
un moyen de salut absolument nécessaire : le
texte de la loi est clair et précis à cet égard.
Ecoutez le divin Législateur : « En vérité, en
» vérité je vous le dis, si quelqu'un n'est pas
» régénéré par l'eau et par le Saint-Esprit, il
» ne peut entrer dans le royaume de Dieu.
» Allez, dit-il à ses Apôtres, enseignez toutes
» les nations et baptisez-les, prêchez l'Evan-
» gile à toute créature ; celui qui croira et sera
» baptisé sera sauvé, celui qui ne croira pas
» sera condamné. »

L'Evangile nous présente donc le dogme de
la nécessité du baptême comme un dogme
fondamental et de nécessité absolue : Par le
baptême seul l'homme est admis dans la société chrétienne, il est admis à jouir de tous
les avantages, de toutes les grâces qui découlent de cette cérémonie régénératrice sans
laquelle l'ineffable bienfait de la rédemption
est perdu. Le père de famille qui en prive ses
enfans est un insensé, c'est un monstre dans

l'ordre moral, c'est un ingrat ; et qu'attendre d'un ingrat envers Dieu ? Quelle garantie fournit-il à la société civile, à tous ceux qui ont ou qui peuvent avoir des relations avec lui ? Homme public, homme privé, il est partout dangereux, partout à craindre. Charondas eût chassé de sa république le père dont il est ici question ; n'exclut-il pas du sénat et de toutes les dignités publiques quiconque passerait à de secondes noces après avoir eu des enfans d'un premier lit ? Pourquoi ce législateur ordonne - t - il cette exclusion ? parce qu'il était persuadé qu'un homme si peu attentif aux intérêts de ses enfans ne le serait pas davantage à ceux de sa patrie, et que s'étant montré mauvais père en portant ailleurs ses affections il serait également mauvais magistrat, administrateur infidèle (1).

La loi des XII tables, dites-vous, est applicable à notre sujet ; c'est possible ; cette appli-

____

(1) Et de même, que penseraient nos philosophes philanthropes d'un père qui, voyant son enfant en proie à une maladie grave, l'exposerait à y succomber, ou le laisserait mourir sans recourir à un médecin, sous prétexte qu'il n'a point de confiance à la médecine ? N'ontils déjà pas, et avec raison, appelé aveugle, coupablement indifférent et dénaturé le père qui néglige ou refuse

cation paraît même exacte jusqu'à un certain
point. Cette loi accordait au père de famille
toute liberté sur ce qui lui appartenait ; un
Romain pouvait, selon son caprice, dépouiller
ses enfans de toutes les prérogatives de leur
naissance, les priver de tout moyen d'existence, il avait sur eux droit de vie et de mort ;
à son égard l'enfant n'était point une personne, mais une chose dont il pouvait dispo-
ser comme bon lui semblait ; c'était son droit.
Selon votre système ce serait aussi le droit du
père de famille dans nos sociétés modernes :
ce père pourrait priver ses enfans non d'un
bien passager, mais de la vie et du bonheur
éternels !.. Et puisqu'il serait si indifférent sur
le plus grand des malheurs qui puisse leur
arriver, quelle éducation morale, quels principes sociaux un tel père leur donnerait - il ?
que deviendrait la société avec de telles maximes ? Ces mêmes enfans voudront devenir et
deviendront à leur tour chefs de famille ; la
mairie suffira pour leur en donner et le titre,

---

d'arracher par la vaccine ses enfans à la mort physique ?
Mais si cette opération les sauve de cette mort, l'Évangile
nous apprend que le baptême, qui est aussi une véritable
vaccine spirituelle, les préserve de la mort éternelle,

et le droit ; ils élèveront leurs enfans comme leur père les a élevés. Arrivés à la fin de leur carrière ils descendront au tombeau les uns et les autres ; l'officier civil suffira encore pour les y faire descendre. Dites-nous quelle aura été leur règle de conduite ? L'honneur, la probité, la sainteté du serment ? beaux et grands mots ; mais

> Rien n'est plus commun que le nom,
> Rien n'est plus rare que la chose.

Venons au fond de la question. Quelle est la base, quelle est la sanction du serment et de toutes les actions humaines ? Nous ne les voyons et nous vous défions de les voir ailleurs, que dans le dogme de l'immortalité de l'ame. Ce dogme n'est-il pas au monde moral ce que les affinités chimiques et les lois de la physique sont au monde matériel ; la société, monde moral, est aussi impossible sans ce dogme que l'est le monde physique sans la permanence des lois qui le régissent et le conservent (1). En effet quand nous avons su nous placer hors de l'atteinte et de la poursuite des lois, que nous importe sans cette

____

(1) Massillon, Burlamachi, sur l'immortalité de l'ame.

croyance la pratique de ce que vous appelez vertus sociales et privées , principes moraux. Ces prétendues vertus , ces beaux principes, ne sont que folie lorsque nous n'y trouvons pas notre intérêt qui , dans cette hypothèse , doit être le seul mobile de nos actions , ainsi que l'est l'instinct chez les animaux.

Vous citez la loi des XII tables ; loi faite dans un temps de barbarie par un peuple aussi injuste et cruel qu'il était ignorant. Cette loi , source d'abus et d'atrocités , ne prouve rien en votre faveur. Plus civilisé, ce peuple mit dans sa législation ce principe de vérité sociale : *Non tantùm parenti cujus esse dicitur , verum etiam reipublicæ nascitur* (1).

L'homme ne naît point pour lui seul ni pour sa famille , mais pour l'état dont il doit être membre , et qui le protége contre l'injustice ou la violence avant même qu'il ne soit entré dans la vie. En retour de cette protection et dans l'intérêt de l'un et de l'autre , l'homme enfant , sous le point de vue de ses rapports sociaux , dépend plus de l'état qu'il ne dépend de sa famille. Le prince doit donc le préparer aux devoirs qu'il aura à remplir dans la so-

______

(1) **FF.** de Vent. in poss. mittend.

ciété ; il doit surveiller son éducation morale ,
parce que « les lois de l'éducation sont les
» premières que nous recevons , et comme
» elles nous préparent à être citoyen, chaque
» famille particulière doit être élevée dans
» l'esprit et gouvernée sur le plan de la grande
» famille qui les comprend toutes (1). » Les
principes puisés dans la famille domestique
sont suivis dans la famille sociale dont ils font
le bonheur ou le malheur , dont ils assurent
la tranquillité ou causent le déchirement ,
suivant que ces mêmes principes sont bons ou
mauvais , conformes ou contraires au but du
chef de la grande société , au repos , à la sûreté et au bonheur de tous les membres qui
la composent. Le souverain , chargé par devoir
de veiller au maintien de l'ordre et du bien-
être de toute la famille en général et en particulier , doit donc porter dans le sein de chaque
famille domestique , pépinière de la famille
sociale , non un œil d'inquisition , mais celui
d'une vigilance toute paternelle , *nam quod
ad jus publicum attinet non sequitur jus
potestatis paternæ* (2).

____

(1) Montesquieu , Esprit des Lois.
(2) FF. leg. 14 , ad S. C. Trebell.

Il est une école universelle, unique, ouverte à tous les hommes, où tous les rangs de la société doivent et peuvent puiser la connaissance des devoirs communs à tous les citoyens, et celle de ceux qui sont particuliers à chaque état ; ce n'est qu'à cette école que tous les hommes trouvent la sanction de toutes les lois qui les régissent dans la famille domestique et sociale ; cette école, c'est la religion, la seule vraie, la seule bonne, c'est l'Evangile.

Otez la religion, et la société retombe dans le chaos et l'homme descend au dessous de la brute (1). Dans le monde, tout se meut par la religion, dit l'orateur romain. Celui, dit Platon, qui rejette la religion arrache les fondemens de la société. La religion peut remplacer les lois humaines ; mais celles - ci ne sauraient jamais la suppléer. Sans la religion il ne peut point y avoir d'Etat, parce que sans elle rien ne peut lier le prince envers le sujet, ni le sujet envers le prince : Sans l'Evangile,

______

(1) Tolle hoc vinclum, vita hominum stultitiâ, scelere, immanitate complebitur. Lactan. de irâ, c. 8. Aussi Robespierre fut-il forcé de décréter l'existence de l'Etre-Suprême, et de proclamer le dogme de l'immortalité de l'ame.

le peuple n'a plus de garantie contre la tyrannie et le despotisme, ni le souverain contre la révolte, parce que la religion seule est la raison de toute société, puisque, hors d'elle, on ne peut trouver la raison ni la sanction d'aucun pouvoir ni d'aucun devoir. Donc l'homme sans religion est essentiellement ennemi de la société ; être sans vie, être corrompu, si le prince l'admet dans sa famille, il communique à celle-ci ses principes de dissolution et de mort : donc le prince a le droit, et c'est son principal devoir (1) de veiller à ce que chaque citoyen suive sa croyance religieuse, toutes les fois que cette croyance n'a rien de contraire à l'ordre social, et ne renferme aucun principe dont les conséquences puissent en troubler l'harmonie. Dans le cas contraire, il doit en empêcher la propagation et sévir contre ses fauteurs : *Salus populi suprema lex esto.*

3.º Dans tout ce que vous venez de dire je n'aperçois que des ressorts politiques inventés par l'ambition pour s'assurer le souverain pouvoir ; je m'en tiens et crois ne devoir m'en

______

(1) Πρῶτον ἡ περίθειων ἐπιμελεία. Aristote politic. 1, 6, c. 8. Primum est curatio rerum divinarum.

tenir qu'à la religion naturelle qui est la religion universelle.

En nous disant que vous ne croyez qu'à la religion naturelle , vous voulez sans doute nous donner à entendre que vous ne croyez pas à l'Evangile. Nous nous voyons forcés , pour vous répondre, de sortir, malgré nous, de notre sujet. Afin de ne pas parler sans nous comprendre , dites-nous d'abord ce que vous entendez vous - mêmes par religion naturelle ? j'entends par là le culte que la raison humaine , laissée à elle-même , m'apprend qu'il faut rendre à Dieu.

Nous vous demanderons quel est ce Dieu que vous ne connaissez sans doute que par la raison humaine laissée à elle-même? Est-ce la nature universelle de Spinosa ou l'ame du monde des Stoïciens ? Un Dieu oisif comme ceux d'Epicure ou vicieux comme ceux des païens ? Est-ce un Dieu sans providence, ou un Dieu créateur , législateur et juge suprême du genre humain? On ne trouve nul accord sur ce premier et important article parmi vos docteurs dont la raison d'ailleurs n'a jamais été abandonnée à elle-même ; car la raison humaine n'est jamais laissée à ses propres forces , si ce n'est dans un sauvage abandonné dès sa naissance, et qui a grandi seul parmi les animaux : nous vous prions de nous dire quelle serait la religion d'une créature humaine ainsi réduite à la stupidité des brutes? Pour en parler, il faudrait que vous eussiez passé par cet état. *Ignoti nulla cupido.*

Tout homme reçoit une éducation bonne ou mauvaise ; la religion qu'il a sucée avec le lait lui paraît toujours la plus naturelle et la plus raisonnable de toutes ; les mœurs de sa patrie, les plus sages et les meilleures : de là une innombrable quantité de religions soi-disant naturelles ; et s'il y en a une qui soit plus naturelle que les autres, pourquoi Socrate, Platon, Epicure, Zénon et Cicéron ne l'ont-ils pas aussi bien connue que vous ? Convenez de bonne foi que votre religion naturelle enseignée par la raison laissée à elle-même n'a jamais existé ni pu exister dans aucun lieu du monde. Poursuivons : que vous enseigne cette prétendue religion ? elle m'apprend à adorer Dieu et à être honnête homme. C'est bien ; mais dites-nous quel culte vous apprend-elle à rendre à Dieu ? vous enseigne-t-elle à l'adorer par un culte purement intérieur ou par des signes sensibles ? Est-ce par les sacrifices des Juifs ou par ceux des païens? Est-ce suivant le caprice des particuliers ou selon une forme prescrite par l'autorité?

Voilà encore des points sur lesquels vos docteurs ne s'accordent point, ou plutôt dont ils ne s'occupent pas.

A être honnête homme, dites-vous; mais en quel sens? Tout homme est sensé et pense être honnête homme, lorsqu'il observe les lois de son pays quelqu'injustes et quelqu'absurdes qu'elles soient. Ainsi les femmes de Babylone et de Lydie croyaient être honnêtes femmes en se prostituant, et croyaient honorer et adorer les dieux en leur offrant le prix de leur prostitution; un Syrien, un Africain était honnête homme en sacrifiant ses enfans à Moloch; un Chinois croit l'être en exposant, en vendant ou en tuant les siens; un Indien en faisant brûler les femmes sur le corps de leur mari; un Arabe en pillant les caravanes; un habitant de Barbarie en infestant les mers; deux de vos docteurs ont cru l'être, l'un en envoyant ses enfans à l'hôpital, l'autre en recevant les guinées des Anglais pour traîner dans la boue l'héroïne française qui les avait battus partout où elle les avait rencontrés, et qui tombée

entre leurs mains, en fut traitée comme les pri-
sonniers que font les cannibales (1).

La religion dons vous nous parlez ne serait-
elle pas la licence de croire, et surtout de
faire tout ce qu'on veut? Nous en avons quelque
soupçon.

Vous poussez les conséquences trop loin ;
j'admets et je reconnais un Dieu pur esprit,
être intelligent, principe créateur de tout,
législateur souverain et seul universel. Par religion naturelle j'entends la collection de nos
devoirs envers l'Etre-Suprême et envers nos
semblables; devoirs que l'homme découvre en
lui par les lumières naturelles de sa raison et
de sa conscience; que le Grand-Etre a gravés
dans le cœur des humains, et dont il punit
l'infraction.

Malgré ces grands mots, nous sommes presque d'accord, et nous voyons que nous pour-
rons avoir une langue commune; si vous nous

____

(1) Sans doute qu'en peignant Jeanne d'Arc, héroïne
unique dans les fastes de l'histoire, et héroïne française ;
en la peignant, disons-nous, avec ses pinceaux de bouf-
fon trempés dans des ordures, le *grand* Voltaire a voulu
justifier de leur infamie ses amis les Anglais auxquels
il avait volé les blasphèmes et les sarcasmes qu'il a vomis
contre tout ce qui fut sacré parmi les hommes.

eussiez fait cette déclaration dès le commencement, nous vous aurions fait voir que l'Evangile ne diffère pas de la religion naturelle ainsi
que vous la définissez; qu'elles découlent toutes
deux de la même source et tendent au même
but; qu'elles sont les mêmes, avec cette différence seule que l'Evangile est plus que la religion naturelle; que l'Evangile était nécessaire
et de nécessité absolue pour faire sortir cette
religion du gouffre d'absurdités cruelles et
monstrueuses où l'esprit corrompu de l'homme
sans cesse croissant l'avait précipitée : car chez
aucun peuple de l'antiquité païenne s'est-il ren-
contré un génie assez grand, un homme assez
éclairé, en philosophie assez habile pour tirer
cette religion de ce gouffre, et ramener les
hommes au culte primitif d'un seul Dieu, pur
esprit, réunissant la sagesse et la bonté su-
prêmes à la toute-puissance créatrice de tout
ce qui existe. Nous l'avons déjà dit, l'Evangile
est venu rappeler la religion naturelle à sa
pureté première. Son divin Auteur le dit for-
mellement : « Je ne suis point venu pour
» détruire la loi, mais pour l'accomplir, »
c'est-à-dire pour la rendre complète et la
perfectionner. La religion naturelle, révélation primitive, avait été confiée à la conscience

et à l'interprétation de chaque individu ; chaque homme n'avait pour directeur que sa raison individuelle, interprète de cette loi que Dieu avait écrite dans son cœur ; mais l'homme, être intelligent et libre, viola bientôt et continua de violer sans cesse les lois que Dieu avait établies comme règles de sa conduite. « Intelli- » gence finie, il devint aussitôt sujet à l'igno- » rance et à l'erreur ; créature sensible, son » cœur fut agité de mille passions (1). » *Indè malorum cohors incubuit terræ*. Chaque individu, chaque peuple marcha dans sa voie, et cette voie était corrompue ; écrite dans le cœur de l'homme, centre des orages et arène des combats, la religion naturelle y fut froissée et méconnue ; elle y rencontra toujours les passions et les préjugés de l'homme : passant au travers, elle s'y teignit toujours de leur couleur et s'y incorpora souvent. Abandonnée à ses propres forces, ainsi escortée, qu'est devenue la religion naturelle pendant quatre mille ans ? Lisez l'histoire, rappelez-vous, méditez les lois et les coutumes des peuples les plus célèbres, quelles bizarres, quelles fausses et quelles monstrueuses idées de la Divinité ! Que de rites

____

(1) Montesquieu, l. 1, c. 1.

extravagans, impurs et cruels ! que de désordres honteux ! que d'usages atroces, ou tolérés,
ou autorisés, ou ordonnés par les législateurs
les plus vantés ! Depuis les astres qui nous
éclairent jusqu'aux plantes des jardins ; depuis
l'homme célèbre par ses talens ou par ses crimes
jusqu'au reptile venimeux qui rampe sous
l'herbe, tout eut des autels et des adorateurs,
excepté le Dieu puissant et bon, créateur de
toutes choses. L'univers abruti enfanta des
dieux abominables qu'on eût puni ici-bas comme
des scélérats, et qui n'offraient pour tableau
du bonheur suprême que des forfaits de tous
genres à commettre et d'infernales passions à
assouvir. Ici la pudeur est sacrifiée dans les
temples, et la prostitution est une pratique
religieuse ; là, à l'exemple des dieux, ou pour
les honorer, la nature est outragée par de bru-
tales et d'abominables amours. (Voyez la note
n.º 1.)

Partout le sang humain coule sur les autels,
et les plus chères victimes expirent dans les
tourmens (2). Partout l'humanité est avilie par
d'indignes et de barbares traitemens ; partout
le peuple abruti végète dans une affreuse ignorance ; partout les philosophes sont dans l'erreur ou dans le doute (3). Maintenant répon-
dez !

dez ! qu'était devenu l'homme avec sa raison
et la religion naturelle ? Dites-nous, comment
a-t-il suivi les lumières de l'une ét comment
a-t-il interprété l'autre, et quel usage enfin
a-t-il fait de toutes les deux ? Tirons le rideau,
rendons d'éternelles actions de grâces au Père
des lumières, et reconnaissons que les dogmes
de la religion naturelle abandonnés à la seule
raison, ou plutôt à la dépravation des hommes,
étaient devenus ce qu'ils devaient devenir,
c'est-à-dire la corruption de la morale et de
l'homme lui-même.

4.º On n'a pas besoin de dogme, laissons-
les de côté, il suffit d'une BONNE morale.

Cette objection nous étonne ; autant vaudrait-
il dire qu'il y a des effets sans causes, et qu'en
BONNE physique on doit examiner ceux-là et s'y
tenir, et ne point s'occuper de celles-ci. Nous
posons, nous, en principe qu'IL N'Y A PAS DE
MORALE SANS DOGME. C'est ce que nous allons
examiner un instant.

CHAPITRE IX.

Des dogmes.

La religion naturelle que vous avez déclaré professer n'a-t-elle pas ses dogmes? n'avez-vous pas dit : J'admets et je reconnais un Dieu pur esprit , être intelligent , principe créateur de tout, et législateur souverain et seul universel. Or, sans ces vérités que nous appelons dogmes, et que la raison de l'homme toute seule n'a pu découvrir sans le secours de la révélation, il ne peut point y avoir de loi ou de religion naturelle , parce que c'est de la seule existence d'un tel être que vous pourrez déduire la raison et les motifs de la loi et de votre soumission à l'accomplissement des devoirs et des obligations qu'elle impose. Ne dites pas que la religion primitive a été l'ouvrage de la raison, si elle l'avait été , comment aurait-elle pu se corrompre par le raisonnement , c'est-à-dire par la réflexion ? N'aurait-elle pas suivi la marche naturelle des connaissances humaines ? ne serait-elle pas devenue plus pure, plus ferme et plus uniforme à mesure que la raison se serait développée? Loin de là, l'histoire prouve que les peuples les plus éclairés dans les arts et dans les sciences n'ont pas été les moins stupides en fait de religion. Chaldéens, Egyptiens, Grecs, Romains, tous n'ont pas mieux pensé sur ce point que les nations les plus barbares et les plus grossières (1).

Vous avez ajouté : Ce législateur, seul universel, punit l'infraction ou la violation de cette loi ; mais pour qu'il en soit ainsi, il faut que vous reconnaissiez encore un autre dogme, celui de l'immortalité de l'ame, parce que tous les méchans ne sont pas punis dans cette vie ; les bons n'y sont pas toujours récompensés. Ainsi point de morale sans dogme.

Nous avons vu dans le chapitre précédent ce qu'était devenue la loi ou religion naturelle sous la seule garde de la raison humaine : voyons un moment ce que l'Evangile a fait pour empêcher le retour d'un pareil obscurcissement. Pour bien en juger examinons quelques-uns de ses dogmes.

Le Fils du Très-Haut, égal en tout à son Père, est venu, dans son immense charité, re-

______

(1) Burlamaqui, Montesquieu, Massillon, M. de Bonald.

5.

nouer la chaîne qui primitivement attachait
l'homme à Dieu , le ciel à la terre , chaîne
qu'avaient rompue les passions désordonnées
de l'homme désobéissant et orgueilleux. Médiateur , moyen nécessaire , il est venu rétablir les rapports détruits entre deux extrêmes ,
l'homme ignorant et le Dieu de toute vérité :
sa lumière a lui dans les ténèbres et les a peu
à peu dissipées.

Pour les prévenir et en empêcher le retour, le Dieu puissant et bon révèle au genre
humain de nouvelles connaissances, et donne
de lui-même des idées aussi justes et véritables qu'elles en sont dignes ; et de même qu'il
avait posé le travail et l'avait rendu nécessaire
comme gardien de la vertu, il établit des
dogmes pour conserver la morale, en la rappelant sans cesse à l'esprit et au cœur des
hommes par des cérémonies et un culte extérieur, profession solennelle de la doctrine
évangélique. C'est ainsi que la sanctification du
septième jour est la profession formelle de la
création, et par conséquent de l'unité et de la
spiritualité de Dieu , préservatif contre le polythéisme et l'idolâtrie. Ce dogme professé par
les seuls Hébreux les préserva des ténèbres
universelles. *Judæi* , dit Tacite, *mente solá*

unumque numen intelligunt, summum illud et æternum, neque mutabile, neque interiturum.

Les premiers chrétiens transportèrent la célébration de ce jour, connu sous le nom de sabbat, au jour suivant appelé le jour du Seigneur, afin d'honorer en même temps la résurrection du Sauveur qui arriva ce jour-là, et pour en conserver et perpétuer la mémoire. Ce monument de la résurrection de Jésus-Christ, nouvelle création de l'homme moral, a été établi par des témoins oculaires à la date même de l'évènement, et célébré par ceux qui furent le plus en état d'en savoir la vérité (1). L'humanité en outre bénit ce dogme, il est une puissante barrière contre l'avarice et la dureté des maîtres envers tout ce qui est à leur service. Le législateur d'Israël dit avec sa sublime simplicité : *Septimo die cessabis ut requiescas, bos et asinus tuus et refrigeratur filius, ancillæ tuæ, et advena qui est inter portas tuas.* Et pour mieux leur faire sentir ce précepte d'humanité, il ajoute : *Memento quòd et ipse servieris in Ægypto* (2).

_____

(1) Saint Paul, 1 Cor. c. 16, ⅴ. 2. Apoc. c. 1, ⅴ. 10. Epître de saint Barnabé, n.º 15. Saint Justin Apolog.

(2) Exod. c. 23, ⅴ. 12. Deut. c. 5, ⅴ. 14 et 15.

L'idée des sacrifices à la Divinité se trouve partout unie à celle d'une divinité quelconque, *tanquam signum supremi Dominii* ; et partout on retrouve que ce sacrifice a toujours été plus ou moins parfait ou imparfait selon que l'idée qu'on s'était faite d'un être supérieur, était elle-même plus ou moins parfaite ou imparfaite. Chose remarquable, l'état de la société politique a constamment suivi ces deux idées ; en d'autres termes, l'état de la société et le sacrifice ont toujours été en harmonie avec l'idée qu'on a eue de l'Etre suprême. Le but de la religion n'est pas seulement de lier le ciel à la terre et l'homme à la divinité, ni de s'occuper uniquement de leurs rapports ; elle doit aussi lier les hommes entr'eux, elle doit découvrir et enseigner la source et la fin de leurs devoirs mutuels, elle doit également tracer la route qu'ils doivent tenir. Son but essentiel, comme son caractère distinctif, doit être de les rendre meilleurs et d'adoucir leurs mœurs. « C'est ce que fait éminemment la religion » chrétienne (1). » Pourrait-il en être autrement ; les félicités qu'elle fait espérer au delà de la vie sont la récompense de l'exercice de toutes

______

(1) Montesquieu, Esprit des Lois, liv. 24, c. 4.

les vertus? Cette religion est donc essentiellement sociale pour l'homme qui vit, soit en
société domestique ou de famille, soit en société politique; et elle n'aurait point tous ces
caractères, si les dogmes qu'elle propose
n'étaient pas eux-mêmes éminemment sociaux.
Examinons-la un instant sous le rapport du sacrifice auquel se rapportent presque tous ses
autres dogmes.

CHAPITRE X.

Du sacrifice.

« Dans la religion primitive ou la société de
famille, premier état du monothéisme, on
voit que l'homme tout à la fois prêtre et victime, étant à lui seul un tout, fait à Dieu le
sacrifice de sa volonté qu'il joint à l'offrande
de sa propriété ou des prémices de ce qui lui
appartient. Sacrifice d'amour et de crainte,
parce que la bonté fait naître le premier sentiment, et que la puissance et la justice exci-
tent le second, ce sacrifice est celui d'un cœur
soumis et reconnaissant, il est le seul qui,
dans la société naturelle, soit agréable à l'Etre

tout-puissant et tout bon. Cependant voulant apprendre à l'univers que le sacrifice sanglant de l'homme juste entre dans ses desseins de miséricorde sur le genre humain, il demande à celui qui devait être le père de la multitude et la tige des nations, le sacrifice de son fils unique. Satisfait de sa volonté, il empêche l'acte. A la place du sacrifice de l'homme, il accepte, il ordonne celui de la propriété ; et par là il condamne à la fois les affreux sacrifices de sang humain, et prépare le peuple qu'il a choisi au sacrifice de l'homme juste.

Dans la société publique des Hébreux, second état du monothéisme, la religion judaïque plus dévéloppée que la religion primitive, offre à l'Etre suprême le sacrifice social ; le grand-prêtre seul, dans un lieu unique, sacrifie pour toute la nation. Ici ce n'est plus l'homme intérieur qui s'offre, c'est-à-dire qui fait le sacrifice de sa volonté, mais c'est l'homme tout entier, toujours joint au don de la propriété ; Dieu le demande ainsi ; il empêche encore de consommer le sacrifice, et veut que le sang de l'homme soit racheté par le sang de l'animal ou par le prix de la propriété. Non-seulement la matière du sacrifice, mais l'action même du sacrifice est encore imparfaite ; car il présente des caractères de destruction et de mort, l'autel est ensanglanté toutes les fois qu'il a lieu. Ainsi dicté et offert par un amour imparfait, l'amour qui espère et non par l'amour qui jouit qui est l'amour dans sa perfection, ce sacrifice où la crainte l'emportait sur l'amour était imparfait comme la constitution de la société juive l'était elle-même : tout était en rapport (1). »

Mais que se passait-il chez les hommes qui, oubliant leur bienfaiteur, s'étaient assis dans l'ombre de la mort ? Au milieu des épaisses ténèbres dont ils s'étaient enveloppés en laissant éteindre dans leur cœur le flambeau que le Dieu des véritables lumières y avait allumé pour les guider dans la vie, tel qu'un jeune enfant qui laisse tomber de ses mains la lumière qui l'éclairait dans un lieu ténébreux, la crainte s'empara d'eux, ils s'abandonnèrent au désespoir. Dans l'épouvante dont ils furent saisis, ils se forgèrent des dieux abominables auxquels ils offrirent des sacrifices plus abominables encore ; sacrifices horribles dictés par la crainte et exigés par la haine. « Une » aveugle frayeur, dit Bossuet, poussait les

---

(1) M. de Bonald, Théorie du pouvoir, liv. 2.

» pères à immoler leurs enfans, et à les brûler
» à leurs dieux au lieu d'encens. Ces sacrifices
» étaient communs du temps de Moïse, et il
» n'y a point eu d'endroit sur la terre où on
» n'ait servi de ces tristes et affreuses divinités
» dont la haine implacable pour le genre
» humain exigeait de telles victimes. » Nous
avons vu plus haut d'autres sacrifices non moins
révoltans, l'encens de la prostitution détrui-
sait l'homme moral, comme le couteau ou le
brasier détruisaient l'homme physique.

Au milieu de la corruption universelle et
sans exception aucune, parut l'Evangile : il
porta la religion naturelle à son dernier état
de perfection sur la terre. Cette troisième et
dernière révélation ouvrit un plus grand trésor
de connaissances touchant la Divinité ; elle en
donna des idées aussi complètes qu'exactes. Le
sacrifice et la société, conséquences naturelles
et nécessaires de ces idées mêmes, seront donc
dans leur dernier état de perfection. Le sacrifice de la loi évangélique sera par conséquent
le don de l'homme le plus parfait et de la propriété la plus parfaite, offert aussi de la manière la plus parfaite. Or l'homme le plus parfait c'est l'Homme-Dieu (Théantropos), parce
que tout ce qui s'unit à Dieu est parfait comme
lui qui est la perfection même.

« La propriété la plus parfaite, c'est la plus naturelle comme la plus utile : tels sont le pain, l'eau et le vin (1). »

« La manière de sacrifier la plus parfaite est celle où la victime est *immolée* sans destruction, et où la propriété est *détruite* sans immolation (2). » Or tel est le sacrifice institué par le divin Auteur de l'Evangile.

L'univers entier était souillé, la malice humaine avait comblé la mesure de l'ingratitude ; une victime d'un prix infini pouvait seule réconcilier l'homme coupable avec le Dieu trois fois saint. Pour être d'un prix égal à l'offense, cette victime devait descendre du ciel ; médiatrice entre deux extrêmes, elle devait être formée de ces deux extrêmes, et réunir en elle l'homme et la Divinité. Par l'union hypostatique de ces deux natures, la Divinité impassible donna aux souffrances et au sacrifice de l'humanité ce prix infini qui pouvait seul apaiser Dieu, l'offensé infini. Par sa mort Jésus-Christ, Homme-Dieu, a relevé l'an-

----

(1) Pourquoi de tous les fruits le blé porte-t-il seul la figure de l'homme ?

(2) De Bonald auquel nous avons emprunté une partie de ceci ; Théorie du pouvoir, liv. 2.

tique échelle de Jacob ; il a rétabli par l'holo-
causte de sa nature les rapports entre les deux
extrêmes , entre lesquels il est seul médiateur ;
il a comblé par la croix l'espace immense qui
séparait le ciel et la terre. La mort de l'Homme-
Dieu est donc un sacrifice universel dont les
effets remontant aux jours de la création se
continueront dans l'éternité (1). Sacrifice social,
il est offert non pour une seule nation , mais
pour tous les hommes et au nom de tous les
hommes unis par les liens de la charité et
par la pratique de la justice. La société formée
par l'Evangile est donc la plus parfaite des
sociétés , et elle ne jouit exclusivement de cette
excellente prérogative , que parce qu'elle pratique la morale la plus pure et la plus sainte ;
et de nouveau , elle ne pratique et ne conserve
cette morale que parce que les dogmes évangéliques lui donnent de la Divinité les idées
les plus exactes et les plus complètes qu'on
puisse en avoir ; elle ne pratique et ne conserve
cette morale que parce que le sacrifice qu'offre
le sacerdoce , par qui la Divinité se manifeste
aux hommes , est le plus parfait des sacrifices ;

____

(1) Mais dessus quel endroit tombera ton tonnerre ,
   Qui ne soit tout couvert du sang de Jésus-Christ.

elle ne pratique et ne conserve cette morale que parce que dans ce sacrifice non sanglant l'homme le plus parfait, le Juste par excellence, l'Homme-Dieu enfin, s'offre à l'Etre suprême par amour pour les hommes dont il est le médiateur et le sauveur; elle ne pratique et ne conserve cette morale que parce que le sacrifice qu'offre le sacerdoce, pouvoir divinement constitué, est offert de la manière la plus parfaite, puisque la victime universelle y est immolée sans destruction; elle ne pratique et ne conserve cette morale que parce que la victime sans tache y est offerte sous les espèces de la propriété la plus parfaite qui, par transsubstantiation, y est détruite sans y être immolée; enfin elle ne pratique et ne conserve cette morale que parce que le Dieu trois fois saint devient l'aliment spirituel des cœurs purs sous les espèces d'un pain qui n'est plus.

Du milieu d'une morale si sublime, conservée par des dogmes plus sublimes encore, sans cesse exposée aux yeux des hommes, et rappelée à leur cœur par de majestueuses cérémonies, s'élèvent trois préceptes guides et soutiens de l'homme domestique et social. L'un, qui a pour base et pour motif le dogme de la souveraine véracité de Dieu, nous fait

tout à la fois un devoir et un mérite de croire
sans réplique tout ce qu'il lui a plu de nous
révéler, dès l'instant qu'il nous est démontré
que la source de toutes les vérités s'est manifestée aux hommes. L'accomplissement de ce
précepte, qui est la FOI est une vertu, parce
qu'il y a un mérite réel à vaincre la répu-
gnance naturelle que nous avons à croire des
vérités qui passent notre intelligence et surtout
qui sont opposées à nos passions. Cette vertu
dépend de nous, parce qu'il dépend toujours
de nous d'être dociles et sincères dans la re-
cherche des motifs de notre croyance. Le vice
opposé à cette vertu est l'incrédulité, fille de
l'ignorance orgueilleuse, des passions et du
libertinage ; jamais un véritable savant, un
homme juste et vertueux ne fut incrédule (1).

Cette première vertu sert de base au second
précepte qui nous impose la consolante obligation d'attendre de Dieu avec confiance les
secours de sa grâce en cette vie pour nous
aider à remplir méritoirement tous nos devoirs, et d'espérer en l'autre un bonheur

---

(1) Demandez plutôt à Homère, à Socrate, à Platon,
à Cicéron, à Neuton, à Leibnitz, à Corneille, à Racine,
à Pascal, à Rollin, etc.

éternel, récompense de l'accomplissement de ces mêmes devoirs. Les motifs de cette confiance sont le dogme de la bonté de Dieu, de sa fidélité à tenir ses promesses et celui des mérites de Jésus-Christ, c'est l'ESPÉRANCE. Deux principes corrupteurs, la présomption et le désespoir, principes de démoralisation dans leurs conséquences , ont été opposés à cette vertu par des chefs de partis. Le premier c'est l'inamissibilité de la justice et de la grâce de Dieu, justification et grâce que le chrétien n'ayant reçues, selon ces principes, que par prédestination, ne peut plus perdre ensuite, quelques crimes qu'il commette (1). L'autre vice, c'est le rigorisme de quelques théologiens qui affectent de suivre en tout les opinions les plus sévères et les plus propres à nous faire désespérer de notre salut et des secours célestes, en répétant sans cesse que Dieu ne nous doit rien; ils ébranlent par là notre confiance en ses promesses et nous font tomber dans l'impénitence du désespoir (2).

Le troisième précepte c'est le divin pré-

----

(1) Synode de Dordrecht.

(2) Dieu, dit saint Augustin, est devenu notre débiteur, non en recevant quelque chose de nous, mais en nous promettant ce qu'il lui a plu. Sem. 158, n.º 2. Dieu, dit saint Paul, est fidèle à ses promesses.

cepte de la CHARITÉ auquel se rapportent tous les autres. La raison et la loi naturelle n'empêchaient pas que les peuples, même en temps de paix, ne s'appelassent *étrangers*, *barbares*, *ennemis*, et qu'ils ne se traitassent comme tels. Nous avons vu que dans la guerre, *lex nulla victo parcit*. A ce caractère insociable des peuples, à cette haine, à cette destruction universelle des nations et des hommes entr'eux, le divin Rédempteur du genre humain opposa des préceptes d'amour, sans l'accomplissement desquels une foi capable de transporter des montagnes, une espérance qui pourrait ravir le ciel, ne sont d'aucun mérite aux yeux de ce grand Dieu. L'homme sans amour, sans charité, semblable à l'enfer, lui est en horreur, lui qui est tout amour. Voici quelques-uns de ces sublimes préceptes, liens de la société des hommes avec Dieu et des hommes entr'eux.

« Tu aimeras le Seigneur ton Dieu de tout ton
» cœur, de toute ton ame, de toutes tes forces
» et de toute ton intelligence ; et ton prochain
» comme toi-même. Je vous donne un com-
» mandement NOUVEAU, aimez-vous récipro-
» quement comme je vous ai aimés, aimez-
» vous les uns et les autres. Tous les hommes
» reconnaîtront

» reconnaîtront que vous êtes mes disciples ,
» si vous vous portez un amour mutuel. Vous
» avez entendu qu'on a dit : Tu aimeras ton
» prochain et tu haïras ton ennemi ; pour MOI,
» je vous dis : Aimez vos ennemis , faites du
» bien à ceux qui vous haïssent et priez pour
» ceux qui vous persécutent et vous calom-
» nient, afin que vous soyez les enfans de
» votre père qui est dans les cieux. Il fait
» lever son soleil pour les bons comme pour les
» méchans , et répand la rosée sur l'homme
» injuste de même que sur le juste. Car si
» vous n'aimez que ceux qui vous aiment ,
» quelle récompense aurez - vous ? Les publi-
» cains en agissent ainsi, et si vous ne saluez
» que vos frères , que faites-vous de plus que
» les autres ? Les païens ne le font - ils pas
» aussi ? Soyez donc parfaits comme votre
» père céleste est parfait. » Luc. c. 10 , v. 28 ,
et Jean. c. 13 , v. 34.

Ainsi donc la loi évangélique est le dernier
perfectionnement de la loi naturelle ; fille céleste d'un Dieu rédempteur et ami des hommes,
semblable à son divin auteur , comme lui elle
n'est qu'amour ; l'harmonie la plus parfaite
règne dans toutes ses dispositions ; la doctrine
la plus sublime enfante et nourrit la morale

6

la plus pure ; les vertus les plus extraordinaires des païens restent au dessous des vertus les plus communes des chrétiens ; et le disciple de Jésus-Christ, le plus simple, est plus instruit aujourd'hui sur les véritables bases de la société humaine que ne l'étaient autrefois Socrate et Platon ; le pâtre et l'artisan sont aujourd'hui plus fermes que ne l'étaient autrefois les plus grands génies sur les grandes vérités de l'unité de Dieu, de l'immortalité de l'ame, et de l'existence d'une vie à venir.

Mais il faut reconnaître d'un autre côté que les plus belles maximes sans dogmes religieux, n'ayant aucune sanction, restent sans aucun résultat ; que la morale la plus sublime, sans préceptes positifs et sans autorité spéciale qui l'interprète et la dirige, laisserait la raison humaine sans règle et sans guide, et deviendrait bientôt ce que la justice deviendrait sans tribunaux ; que le code de Jésus-Christ abandonné à la raison individuelle et à la capacité de chaque fidèle jetterait dans la société religieuse la même confusion, la même anarchie (1) que

____

(1) En voulez-vous une preuve, lisez la 1.re Épître de Bèze, ministre de Genève : « Nos gens, disait-il, sont » emportés par tout vent de doctrine, tantôt d'un côté,

celle que jetterait dans la société civile l'interprétation du code de nos lois laissée aux lumières et au jugement toujours intéressés

---

» tantôt d'un autre. Peut-être pourrait-on savoir quelle
» croyance ils ont aujourd'hui, mais on ne saurait
» s'assurer de celle qu'ils auront demain. » Voyez les
lettres de Calvin à Mélancton, et de Haller Capiton,
ministre à Strasbourg, un des premiers et des plus
savans disciples des réformateurs ; il écrivait confiden-
tiellement à Farel, autre personnage célèbre dans la
réforme : « On a beaucoup nui aux ames par la préci-
» pitation avec laquelle on s'est séparé du Pape. La
» multitude a secoué le joug ; ils ont la hardiesse de
» vous dire : *Je suis assez instruit de l'Evangile, je*
« *sais lire par moi-même, je n'ai pas besoin de vous.* »
   « Qu'on me prouve aujourd'hui, dit J. J. Rousseau,
» qu'en matière de foi je suis obligé de me soumettre
» aux décisions de quelqu'un, dès demain je me fais
» catholique, et tout homme conséquent et vrai fera
» comme moi. 2ᵉ lettre de la Montagne. » Nos lecteurs
pourront trouver ici une partie de cette preuve. Qu'aurait repondu Jean-Jacques à quelqu'un qui lui aurait
dit : Une Cour suprême vient de me condamner, elle
a mal interprété la loi; moi qui sais lire, j'y vois autre
chose que ce qu'y ont vu deux à trois cents magistrats
réunis pour décider la question. Je ne veux pas me soumettre aux décisions des autres, personne n'a le droit
d'avoir plus de raison que moi, ni de m'imposer l'obligation de déguerpir du domaine qui m'est ravi par cette
sentence que ma raison et mes lumières n'approuvent pas.

6.

des parties contendantes. En effet, quel serait l'état de la société civile si nos codes étaient la seule règle de notre conduite, si chaque particulier était le maître d'en expliquer le texte comme il lui plairait, et selon ses intérêts ; s'il n'y avait pas des tribunaux et des jurisconsultes instruits de la loi, nourris de son esprit, et chargés d'en interpréter, d'en expliquer le sens, et de l'appliquer aux cas particuliers ?

CHAPITRE XI.

Autorité conservatrice de la Loi.

COMME législateur du genre humain, Jésus-Christ a donc établi des lois ; mais des lois ne sont pas de simples spéculations ; il faut qu'elles soient observées : il étoit donc essentiellement nécessaire qu'il y eût une autorité qui veillât à leur observation, qui enseignât et expliquât ces lois, qui conservât et transmît pure toute la doctrine. Or cette autorité, qui oblige pour conserver, ne peut être dans la raison individuelle, parce qu'il est contraire à l'essence d'une obligation de dépendre de la pure volonté de celui qui est obligé ; où serait le lien, où serait la raison de l'obligation ? Tout lien suppose nécessairement deux êtres distincts, comme tout moyen ou milieu suppose deux extrêmes. Cette autorité, comme celle des magistrats civils, doit venir du législateur, doit partir du souverain ; lui seul peut en revêtir ses délégués, parce que le législateur, par lui ou par ses représentans, a seul le droit d'interpréter sa loi, puisqu'il n'y a que lui qui puisse interpréter sa pensée. Après avoir établi le sacerdoce, placé entre le ciel et la terre, puisant d'une main à la source éternelle et pure, la vérité et la lumière, pour les répandre sur les hommes, et portant de l'autre au pied du trône d'un Dieu de miséricorde et de justice les actions et les offrandes du genre humain ; après avoir établi, disons-nous, le sacerdoce par qui il se rend visible sur terre, voici la manière sublime dont le Fils du Très-Haut, législateur de l'univers, revêtit ses apôtres et leurs successeurs de l'autorité qui leur était nécessaire pour faire croire la doctrine, observer la morale de l'Evangile, et pour les conserver intactes.

« Toute puissance, leur dit-il, m'a été don-
» née dans le ciel et sur terre : allez donc et

» instruisez tous les peuples, les baptisant au
» nom du Père, et du Fils, et du St-Esprit.
» Apprenez-leur à garder toutes les choses que
» je vous ai ordonnées (1). Que la paix soit
» avec vous ; je vous envoie comme mon Père
» m'a envoyé (2). » Il leur communique sa
pensée conservatrice de la loi. « Soyez certains
» que je suis tous les jours avec vous jusqu'à
» la consommation des siècles (3). » Ainsi divinement constituée, l'autorité des magistrats
évangéliques est indestructible, comme la
source dont elle émane ; il leur en donne l'as-
surance infaillible : « Les portes de l'enfer
» ne prévaudront pas contr'elle (4). » Toutes
les puissances de l'univers réunies pour l'attaquer se briseront contre la pierre éternelle
de l'autel sans tache.

Le jour donc où cessera cette autorité en-
seignante et conservatrice, le jour où elle cessera d'interpréter la loi et de veiller à son
exécution, le jour où la victime universelle
cessera d'être réellement immolée, le jour où
l'eau baptismale cessera de régénérer l'homme

---

(1) Matth. c. 28, v. 18, 19, 20.
(2) Jean, c. 20, v. 21.
(3) Matth. eod.
(4) Matth. c. 16, v. 18.

naissant et de le consacrer à Dieu en lui enseignant quel est son auteur et sa fin, ce qu'il doit être dans cette vie et ce qu'il sera dans l'autre; le jour enfin où la morale sera séparée des dogmes conservateurs, objets des travaux philosophiques, ce jour-là même la morale évangélique exposée à tous vents d'opinion s'affaiblira et se perdra, la société se dissoudra, l'homme domestique comme l'homme social reprendra les chaînes de l'esclavage; les sujets comme les rois s'assiéront de nouveau à l'ombre de la mort, et d'épaisses ténèbres couvriront la surface de la terre (1).

Mais, nous dira-t-on, ce n'est pas assez pour une religion d'établir des dogmes, car les plus vrais et les plus saints peuvent avoir de très-mauvaises conséquences, lorsqu'on ne les lie pas avec les principes de la sociabilité; il faut que la religion dirige ceux qu'elle établit; que ces dogmes soient conservateurs de l'homme et le perfectionnent.

―――――――――――――

(1) Phénomène étonnant et non encore aperçu chez aucune nation de l'univers, ni chez les peuplades les plus barbares et les plus sauvages, les prétendus réformateurs ont offert et ont fait accepter à leurs adhérens une religion et un culte sans sacrifice!!

Vous avez raison, et Montesquieu vous dira que « c'est ce que fait admirablement bien » la religion chrétienne à l'égard des dogmes » dont nous parlons (1). » Nous défions qui que ce soit de prouver qu'il y ait dans cette religion un seul dogme qui ne soit pas conservateur de la morale en général, ou d'un point de morale en particulier, aussi bien que de la société elle-même.

Que sont devenues l'Afrique, l'Asie et quelques contrées de l'Europe, depuis qu'indifférentes pour les dogmes, ou seulement pour quelques-uns, elles se sont séparées de l'Unité? Partout l'expérience prouve que ceux qui ne font aucun cas des dogmes ne respectent pas davantage la morale ; que l'affectation de donner la préférence à celle-ci n'est qu'un masque sous lequel on cache une indifférence égale pour l'un comme pour l'autre. Tel qu'un membre séparé d'un corps vivant, ou un rejeton arraché au tronc vivace, nos frères désunis et acéphales languissent, dessèchent à l'écart et loin du corps alimentaire duquel les ont séparés l'orgueil et l'indocilité.

____

(1) **Liv.** 24, c. 9, **Esprit des lois.**

Nous croyons qu'il est suffisamment prouvé que les dogmes de la religion chrétienne sont pères et conservateurs de la sublime morale de l'Evangile et de l'homme, soit domestique soit social; que sans eux cette morale disparaîtrait avec la société comme l'effet disparaît avec la cause; et puisque, d'un côté, ils en sont les seuls et véritables gardiens, et que de l'autre, le prince est obligé de veiller à tout ce qui intéresse l'état, il est par conséquent obligé de veiller à la conservation de la religion, à la profession des dogmes et au maintien du culte, sans quoi il ne saurait maintenir et conserver la société qui lui est confiée. Nous disons que c'est là son principal devoir; évêque du dehors, il doit tenir le glaive en main aux portes du sanctuaire, protéger de sa puissance temporelle cette religion qui le protége à son tour d'une protection céleste, et lui conquiert les cœurs de ses peuples.

Ecoutons à cet égard quelques publicistes.

CHAPITRE XII.

Devoirs du Prince.

« La religion consiste dans la doctrine (dogme)
» touchant la Divinité et *les choses* de *l'autre*
» *vie* , et le culte destiné à honorer l'Etre
» suprême. La piété et la religion influent
» essentiellement sur le bonheur d'une nation ;
» rien n'est si propre que la piété à fortifier
» la vertu et à lui donner toute l'étendue
» qu'elle doit avoir. Par piété j'entends une
» disposition de l'ame en vertu de laquelle
» on rapporte à Dieu toutes ses actions , et
» l'on se propose, dans tout ce que l'on fait ,
» de plaire à Dieu. Cette vertu est d'une obli-
» gation indispensable pour tous les hommes ;
» c'est la plus pure source de leur félicité ,
» et ceux qui s'unissent en société civile n'en
» sont que plus obligés à la protéger : une
» nation doit donc être PIEUSE. Que les supé-
» rieurs chargés des affaires publiques se pro-
» posent constamment de mériter l'approba-
» tion de leur divin Maître : tout ce qu'ils
» font au nom de l'état doit être réglé sur

» cette grande vue ; le soin de former tout le
» peuple à la piété sera toujours l'un des prin-
» cipaux objets de leur vigilance, et l'état en
» recevra de très-grands avantages. Une sé-
» rieuse attention à mériter dans toutes ses
» actions l'approbation d'un Etre infiniment
» sage ne peut manquer de produire d'excel-
» lens citoyens. La piété éclairée dans les
» peuples est le plus ferme appui d'une auto-
» rité légitime : dans le cœur du souverain
» elle est le gage de la sûreté du peuple et
» produit sa confiance (1).
    » Les principes du christianisme (2) bien
» gravés dans le cœur seraient infiniment plus

---

(1) **Vattel**, Droit des gens, liv. 1, c. 12. Ce mor-
ceau nous a rappelé trait pour trait l'histoire de saint
Louis, le premier prince qui reconnut *l'égalité des droits
de l'homme devant le magistrat*, et qui en donna une
si éclatante preuve dans l'affaire d'Enguerrand de Couci ;
ne semble-t-il pas entendre la vertueuse Blanche, sa
mère, lui répéter sans cesse : « Souvenez-vous, mon
» fils, que rien de ce qui est onéreux au peuple n'est
» glorieux pour le prince ; quand vous croirez être au
» dessus des hommes, songez combien Dieu est au
» dessus de vous. Entre un roi et un malheureux il
» n'y a que l'épaisseur d'une ligne ; entre Dieu et
» un roi est l'infini. »
    (2) Montesquieu, liv. 24, c. 3.

» forts que ce faux honneur des monarchies,
» ces vertus humaines des républiques, et
» cette crainte servile des états despotiques.
» La religion chez les chrétiens rend les prin-
» ces moins timides et par conséquent moins
» cruels. Le prince compte sur ses sujets et
» les sujets sur le prince. Chose admirable,
» la religion chrétienne, qui ne semble avoir
» d'objet que l'autre vie, fait encore notre
» bonheur dans celle-ci ! »

Nous avons dit ci-dessus, avec Vattel, que la piété doit être éclairée ; car en vain on se propose de plaire à Dieu, si l'on n'en connaît pas les moyens. Or ces moyens n'ont été connus et ne peuvent l'être que par l'enseignement. Donc le prince doit faire évangéliser ses sujets, lorsque l'impiété et l'ignorance de tous devoirs se sont répandues parmi eux. La croyance ou les opinions des particuliers et leurs sentimens envers la Divinité sera, de même que la piété, l'objet de ses attentions ; il ne négligera rien pour leur faire connaître la vérité, et pour les remplir de bons sentimens ; mais il n'emploiera à cette fin que des moyens doux et paternels (1). Pour conserver la religion, il

---

(1) Quas (religiones) non metu, sed eâ conjunc-

doit la maintenir dans la pureté de son institution, et tenir la main à ce qu'elle soit fidèlement observée dans ses actes publics, dans
toutes ses cérémonies, et punir ceux qui ose-
raient l'attaquer, de quelque manière que ce
soit. Mais pour arriver à toutes ces fins il
faut préalablement veiller à la profession
des dogmes, et surtout à celle du dogme de
l'immortalité de l'ame que le baptême enseigne à toutes les classes de la société; et
cependant peut-on dire que le prince ou le
législateur s'en occupe, qu'il veille à la conservation de la religion, qu'il la maintient
dans toute la pureté de son institution, qu'il
forme ses sujets à la piété, qu'il leur fait connaître la vérité, lorsque sa loi leur fait faire
divorce avec la religion, lorsqu'elle les laisse
dans l'ignorance de la vérité, lorsqu'elle les
sépare de la pratique et de la profession des
dogmes conservateurs de la société et de la
morale, en les abandonnant à l'indifférence
des hommes corrompus par les leçons désor-
ganisatrices des soi-disant philosophes.

La prédication de l'Evangile a régénéré le

---

tione quæ est homini cum **Deo**, conservandas puto.
(Cic. de Leg. liv. 1.)

genre humain. Nous venons de voir que la
première obligation du prince est de maintenir cette régénération pour pouvoir conserver
la société. Or dans tout le code évangélique
le dogme de la nécessité du baptême est toujours joint au commandement de la prédication, c'est ce qui est parfaitement d'accord
avec la raison et en soi-même ; car si notre
ame n'est pas immortelle, s'il n'y a rien à espérer ni à craindre au delà de cette vie, à quoi
sert la prédication et tout le reste ?

Mais, ajoutez-vous encore, on peut croire
au dogme de l'immortalité de l'ame sans croire
à la nécessité du baptême qui n'est qu'une
lotion indifférente par elle-même.

Nous pouvons vous répondre, les monumens
de l'histoire en main, que tous les peuples
qui ont reconnu ce dogme ont institué des
lotions corporelles, symbole de la purification
de l'ame. Or pourquoi ces lotions symboliques
si l'ame n'est pas immortelle ? Pourquoi le plus
grand nombre des législateurs en ont-ils même
ordonné la pratique journalière, si ce n'est
afin de rendre incessamment présente à la
pensée des peuples cette grande idée de l'immortalité de l'ame ? Dans l'Evangile cette lotion
n'est point un simple symbole, elle est la

purification nécessaire, efficace et réelle de
l'ame, purification qui, initiant l'homme à la
pratique de toutes les vertus par un sentiment
d'amour, s'opère, et par la volonté de celui
qui la donne, et par celle de celui qui la reçoit.
La force d'effacer les souillures de l'ame a été
attachée à cette lotion par le divin législateur
qui l'a ordonnée.

Sous le rapport des avantages actuels de la
société humaine, cette institution évangélique
lui rend l'important service d'enseigner aux
pauvres comme aux riches, aux pâtres comme
aux puissans de la terre, ce dogme de l'immortalité de l'ame dont vous reconnaissez l'absolue nécessité pour en assurer le maintien ;
cette cérémonie le rappelle sans cesse à notre
pensée ; elle le grave dans notre esprit sans
une discussion et sans un examen dont tous les
hommes ne sont pas capables. Humainement
parlant, le baptême est donc nécessaire : le
souverain doit donc veiller à la pratique et à
la conservation de cette institution religieuse
d'où proviennent de si précieux avantages
pour la société des hommes. Oui, ce dogme
consolateur, qui peut seul expliquer l'énigme
de la vie et de l'intelligence humaine, est le
seul fondement de toute morale ; disons mieux,

de l'existence même des sociétés. Aussi cette
grande pensée qui ennoblit les affections et les
travaux de l'homme, qui nous fait comprendre
la sublimité de toutes les vertus et les atta-
chemens de famille, qui nous inspire le mépris
de la mort et le dévouement à la patrie, se
trouve-t-elle dans toutes les religions, parce
qu'elle est tout à la fois la conséquence immédiate de l'existence de Dieu, un sentiment du
cœur, et le premier besoin de la société. Il
faut donc conclure de tout ce que nous venons
de dire que le prince, et comme protecteur
de la religion, et comme gardien de la société
civile, doit veiller à ce que le dogme du baptême, profession de l'immortalité de l'ame,
soit rigoureusement suivi et mis en pratique.
Il est responsable à Dieu et à la société de tout
le mal qui peut résulter de l'oubli de la pratique de ce dogme, tant pour cette vie que
pour l'autre. Les notions suivantes que nous
garantissons être exactes pourront lui faire
connaître à quel point la loi civile a déjà en-
gagé sa responsabilité.

A Paris, environ douze mille enfans se présentent chaque année pour la première communion ; sur cent enfans il s'en trouve générale-
ment cinq ou six qui n'ont pas été baptisés ;

ce

ce nombre est plus fort dans les quartiers po-
puleux. Toutefois fixons-en le nombre à six sur
cent ; il s'en présente donc 720 par an qui
n'ont pas encore été baptisés , ou admis dans
la société chrétienne.

Or, comme il est prouvé que depuis la naissance jusqu'à 15 ans il meurt plus de la moi-
tié des enfans , on peut dire avec vérité qu'il
meurt , à Paris seulement, plus de 720 enfans
qui n'ont point reçu le baptême. La miséricorde de Dieu est grande , nous dira-t-on ;
c'est vrai ; cependant Dieu lui-même n'a-t-il
pas dit positivement : « En vérité , en vérité ,
» je vous le dis, si quelqu'un n'a pas été
» régénéré par l'eau et par le St-Esprit , il
» ne peut entrer dans le royaume de Dieu. »
Supposons , et cette supposition n'est pas gra-
tuite, que plusieurs chrétiens, nourris des principes de la philosophie moderne , ne fassent
pas faire la première communion à leurs enfans , et alors ceux-ci ne se trouvent pas du
nombre des 720 enfans vivans dont nous avons
parlé ci-dessus ; on demande ce que seront
ces enfans : seront-ils juifs ou mahométans ,
idolâtres ou athées ? rien de tout cela. Que
seront-ils donc ? les enfans des hommes , le
fléau de la société , la terreur du genre humain.

Ce qu'ils font ? ils brisent l'autel, renversent le trône ou le fauteuil du président, et foulent aux pieds le pontife et le prince..... *Et nunc intelligite qui judicatis terram.*

Nous sommes persuadés que si l'autorité voulait s'en enquérir, elle trouverait à Paris un grand nombre de pères de famille qui, nés de parens chrétiens, n'ont pas plus reçu le baptême que ne l'ont reçu leurs enfans. Notez que nous ne parlons pas des départemens.

Nous comprenons bien que la religion de l'état fait et doit faire du baptême un dogme fondamental, dogme nécessaire au maintien de la société, dogme qui sanctionne toute espèce de lois, et sans lequel la vie humaine ne serait que folie ; enfin que le prince a le plus grand intérêt à la pratique d'un tel dogme, mais la liberté des cultes s'y oppose.

Il nous semble que vous entendez mal cette liberté ; que veut-elle ? elle veut seulement que les seuls cultes qui s'adressent au vrai Dieu, lorsqu'ils n'ont rien de contraire à la décence publique et même privée, lorsqu'ils ne sont pas la suite de doctrines ennemies de l'ordre, funestes au bonheur et à la tranquillité des familles et des états, propagatrices de l'igno-rance et de l'esclavage, soient tolérés par le prince qui, les prenant sous sa protection, les venge de toute violence exercée contr'eux. Cette liberté, qui tarit la source du fanatisme religieux, garantit à tout citoyen, sous les conditions ci-dessus exprimées, qu'il ne sera point empêché d'honorer la Divinité et de lui rendre ses hommages comme il voudra, et que nul ne pourra par force lui faire embrasser une autre croyance religieuse que celle qu'il a reçue de ses pères. Nous ne pensons pas que, sous le manteau de cette liberté, un polythéiste, un Chinois, un Japonais, un idolâtre, un mahométan même pût venir ouvrir des temples, établir et professer publiquement sa croyance religieuse en France, parce que ces cultes sont propagateurs de l'ignorance et de l'esclavage. Nous pensons encore que le prince peut et doit même appliquer à tout individu qui déclareroit n'avoir point de culte et ne reconnaître aucune Divinité le décret que portèrent les Athéniens contre Protagoras, parce que cette liberté des cultes suppose nécessairement qu'il y a des cultes, et qu'ils sont tels que nous venons de les indiquer.

NOTES.

(1) Dans l'Asie-Mineure, chez la plupart des peuples d'Orient, Phéniciens, Syriens, Babyloniens, etc., etc., les femmes se prostituaient en l'honneur de leurs Dieux ; des troupes de filles, prêtresses des temples de Baal-Péor, de Vénus, de Priape, etc., s'y consacraient à la débauche publique. Il en fut de même en Grèce ; le temple seul de Vénus, à Corinthe, eut jusqu'à deux mille de ces *prétresses*. Le salaire de la prostitution s'offrait aux dieux, c'était un des plus riches revenus de leurs temples. La prostitution était un revenu assuré pour les républiques de la Grèce ; là, comme dans l'Italie, elle était un commerce qu'exerçaient les plus honnêtes gens, et dont ne rougirent pas quelques empereurs romains. Les désordres contre nature étaient, en quelque sorte, consacrés par la religion dans plusieurs contrées de l'Egypte. Loin d'en rougir, les poètes grecs les chantèrent ; les philosophes s'en firent les panégyristes. Minos, dit-on, les autorisa ; Sparte vit les deux sexes s'y livrer. Rome imita ces désordres ; on y vit ce vice abominable couvert de la pourpre, assis sur le trône, et enfin placé parmi les dieux.

(2) Personne n'ignore que les sacrifices humains ont été universels. Dans la Syrie et en Afrique, à Tyr et à Carthage, on offrit des enfans, et de préférence ceux des premières familles, à l'horrible Moloch ou Saturne. On les brûlait, soit en les jetant au milieu d'un brasier,

soit en les enfermant dans la statue brûlante de l'affreuse divinité. Les mères se faisaient un point d'honneur et de religion d'assister à ce spectacle d'un œil sec et d'un visage serein. Elles caressaient leurs enfans pour apaiser leurs cris que l'on étouffait d'ailleurs au son des tambours et des trompettes, dans la crainte que Saturne ne les entendît, ce qui lui aurait mortellement déplu, et aurait fait perdre tout le fruit du sacrifice.

(3) Les anciens n'ont point connu de droits des gens. Nulle loi n'épargnait, ne protégeait les vaincus. *Lex nulla victo parcit* était une maxime générale que nous a transmise Sénèque le tragique. La religion chrétienne a tout amélioré. Ecoutons l'immortel Montesquieu (liv. 10, ch. 3.) : « Un état qui en a conquis un autre le traite » d'une des quatre manières suivantes : 1.º ou il con- » tinue à le gouverner selon ses lois, et ne prend pour » lui que l'exercice du gouvernement politique et civil ; » 2.º ou il lui donne un nouveau gouvernement poli- » tique et civil ; 3.º ou il détruit la société et la dis- » perse dans d'autres ; 4.º ou enfin il extermine tous » les citoyens. La première est conforme au droit des » gens que nous suivons aujourd'hui ; la quatrième est » plus conforme au droit des gens des Romains. »

Il aurait pu et dû dire au droit des gens de tous les peuples païens. Tous ces peuples, lors même qu'ils furent devenus plus civilisés et plus polis, égorgeaient, exterminaient les vaincus, ou les réduisaient à un éternel esclavage. Or être réduit à cet état ou être exterminé c'est la même chose. Le premier était souvent plus affreux que le second ; l'homme ne vit pas seulement de la vie physique, il vit, et bien plus encore, de la vie morale, sans laquelle la première n'est qu'un sup-

plice. « Sur quoi , continue Montesquieu , je laisse à
» juger à quel point nous sommes devenus meilleurs.
» Il faut rendre ici hommage à nos temps modernes ,
» à la raison présente , à la religion d'aujourd'hui , à
» nôtre philosophie , à nos mœurs. »

Si l'on eût demandé à ce grand homme à quoi
nos temps modernes , la raison présente , notre philosophie , nos mœurs doivent les pas de géant et les
progrès immenses qu'elles ont faits vers le bien , il
aurait sans doute répondu : A l'Évangile. J. J. Rousseau
a reconnu cette vérité. « Je ne sais , dit-il , pourquoi
» l'on veut attribuer aux progrès de la philosophie la
» belle morale de nos livres ; cette morale , tirée de
» l'Evangile , était chrétienne avant que d'être philo-
» sophique. Les préceptes de Platon sont souvent très-
» sublimes ; mais combien n'erre-t-il pas quelquefois
» et jusqu'où ne vont pas ses erreurs ? Quant à Cicéron ,
» peut-on croire que , sans Platon , ce rhéteur eût
» trouvé ses offices ? L'Evangile seul , *quant à la*
» *morale* , est toujours sûr , toujours vrai , toujours
» unique , et toujours semblable à lui-même (1). »
Montesquieu reconnaît aussi cette vérité. « Que l'on
» se mette devant les yeux , dit-il , les massacres con-
» tinuels des rois et des chefs grecs et romains , et de
» l'autre la destruction des peuples et des villes par ces
» mêmes chefs , Thimur et Gengiskan qui ont dévasté
» l'Asie , et nous verrons que nous devons au chris-
» tianisme et dans le gouvernement un certain droit

---

(1) Nous avons prouvé que l'Evangile n'aurait point tous ces
caractères , *quant à la morale* , si les dogmes qui en sont la source
ne les avaient eux-mêmes. Tels dogmes, telle morale.

» politique, et dans la guerre, un certain droit des
» gens que la nature humaine ne saurait assez re-
» connaître. »

Qu'elle est donc anti-sociale cette législation, qu'ils
sont donc méprisables ces législateurs qui, sortis d'une
école de perversité, séparent l'homme de ce qui seul
l'a civilisé, l'a rendu meilleur, et qui seul fait son
bonheur! Esprits légers, ames arides, cœurs corrompus, nos philosophes modernes démoralisent le genre
humain dont ils se proclament seuls les instituteurs,
et ont assez d'adresse pour le rendre complice de la
barbarie où ils le ramènent. L'antiquité ne leur a-t-elle
pas déjà prouvé que la raison humaine toute seule ne,
conduit qu'à l'erreur.

« Ce fut une disposition particulière de la sagesse
» divine qui, dans l'ordre des temps, fit marcher la
» philosophie avant la religion. Elle voulut, c'est elle-
» même qui nous l'apprend, non-seulement que des
» esprits éclairés, passant les bornes prescrites, tom-
» bassent dans l'ignorance des vérités célestes ; mais
» encore que le souvenir de leurs erreurs se perpétuât
» dans la mémoire des hommes, afin que leur égare-
» ment ne pût jamais être dissimulé.

» Jésus-Christ s'est fait précéder dans le monde par
» les plus beaux génies dont le monde se glorifie; et
» par là il a fait connaître l'étendue et les bornes de
» l'esprit humain. Il a voulu que la raison acquît par
» ses propres efforts la conscience de sa faiblesse ; et
» ne pût jamais s'attribuer l'honneur des hautes con-
» naissances qu'il venait lui apporter. Il s'est présenté
» à la terre dans le siècle des plus brillantes lumières,
» afin qu'elles éclairassent le triomphe de la foi. Que

» la nature s'épuise donc pour enfanter les talens les
» plus brillans qui puissent exister parmi les hommes;
» que les génies les plus vastes dont l'histoire des siècles
» passés fasse mention multiplient leurs travaux pour
» découvrir les sublimes vérités qui unissent la terre
» au ciel. Quel sera l'effet de tant de grands efforts,
» le fruit de tant de profondes méditations, le pro-
» duit de tant de savantes veilles? les contradictions
» les plus palpables, les erreurs les plus grossières, le
» pyrrhonisme, l'athéisme, le matérialisme, le fana-
» tisme, le polythéisme, l'abjuration de la Providence
» et d'autres systèmes encore aussi déraisonnables,
» tous fastueusement décorés dans ces jours, comme
» dans les nôtres, du nom imposant de philosophie. »

DE LA LUZERNE, *De la Révélat.*

DU MARIAGE.

CHAPITRE I.er

*Manière dont le législateur a envisagé
le Mariage.*

Nos philosophes législateurs ne voient dans
le mariage que l'union d'un être mâle et d'un
être femelle, union devant son institution à la
nature, commune à tous les animaux, nécessaire pour la reproduction de l'espèce, et qui,
entre homme et femme, ne doit être réglée
que d'après le caprice et la diversité des lois
civiles particulières à chaque peuple. C'est
ainsi que, par des lois administratives, se
règle l'accouplement des animaux dont on veut
conserver et propager l'espèce. Il ne se fait
qu'en présence ou sur l'ordre, ou avec la permission d'un officier soit administratif, soit
civil, nommé *ad hoc*, lequel doit également
dresser acte de la naissance du produit de cet
accouplement, afin d'y assurer une valeur, un
prix, une estimation, des droits enfin qu'il
n'aurait pas sans toutes ces formalités adminis-

tratives (1). « Les philosophes, dit M. Portalis,
» observent principalement dans cet acte (le
» mariage) le rapprochement des deux sexes.
» Ils confondent à cet égard l'ordre physique
» de la nature, commune à tous les êtres ani-
» més, avec le droit naturel qui est particu-
» lier aux hommes. »

Une telle doctrine est une conséquence fort
naturelle des principes de ces sages qui ne
voient dans l'homme qu'une masse organisée
et sensible, et qui ne mettent d'autre différence entr'eux et leur chien que celle qui résulte de la diversité et de là plus ou moins
grande perfection des organes de ces deux espèces d'animaux. Conséquemment à ce principe le philosophe matérialiste croit ne devoir
être réglé dans cette union que par la loi civile
qui n'a d'empire que sur les corps. Mais le chrétien, qui n'a point été endoctriné dans le philosophique troupeau d'Épicure, s'élève, en sen-
tant toute sa dignité, et avec un sentiment plus
délicat, jusqu'à l'auteur de son être; il lit,
il médite l'histoire de la loi primitive, c'est-à-
dire de la loi naturelle, et de celle qui est

______

(1) Tel est le système suivi par les Arabes, relativement à leurs chevaux.

venue l'accomplir et la rappeler à sa pureté première. De la différence même qu'il trouve dans la création des êtres animés et de celle des lois que Dieu leur a données, le chrétien en déduit tout à la fois une troisième relativement à l'union de l'homme et de la femme gouvernés par des lois particulières.

CHAPITRE II.

Différence dans la création des êtres animés, et diversité des lois qui les régissent.

Dieu a créé les animaux parfaits, il a créé l'homme et la femme perfectibles. L'animal est un corps organisé conduit par un instinct auquel il ne peut résister. L'homme est une intelligence servie par des organes qu'il dirige à sa volonté. L'un n'est pas susceptible de règles dont il puisse avoir la conscience; il ne peut se rendre compte de ses actions, ni transmettre à ses semblables les connaissances ou les tours d'adresse que l'homme n'a pu lui apprendre que par des moyens physiques. Être parfait et borné, il n'invente, il ne perfectionne rien. Il a reçu à la fois tout ce qui lui est nécessaire pour parcourir sa carrière et achever sa destinée dont il n'a pas la liberté de s'écarter. L'autre, au contraire, pense, raisonne et juge ; il peut se faire de justes idées des objets qui se présentent ; il les compare ensemble, et tire de principes connus des vérités inconnues ; il peut juger sainement des convenances des choses entr'elles et des rapports qu'elles ont avec lui ; il délibère sur ce qu'il doit faire ou ne pas faire, et se détermine en conséquence à agir d'une manière ou d'une autre ; se rappelant le passé, il le joint au présent, et pousse ses vues jusque dans l'avenir qu'embellit l'espérance. Capable d'apprécier les causes, de prévoir les progrès et les conséquences des choses, d'un seul regard intellectuel il découvre et contemple le cours entier de la vie, et se met ainsi en état de pourvoir à ce qui est nécessaire pour en fournir heureusement la carrière. Insatiable de bonheur, et ne le trouvant dans rien de ce qui est créé, il en prélibe l'avant-goût dans l'accomplissement de tous ses devoirs, et va, après cette vie, jouir du souverain bonheur dans la contemplation des perfections divines qu'il voit alors face à face. Mais dans toutes ces choses il n'est point assujetti à une suite

constante d'opérations uniformes et invaria-
bles ; il peut agir ou ne point agir , suspendre
ses actions et ses mouvemens ; les diriger et
les régler comme il le trouve à propos ; il peut ,
à sa volonté , se détourner de la route de sa
destination ; son mérite ou son démérite dépend toujours de son libre choix.

Cette première différence étant bien reconnue , il examine s'il n'en existe pas une
aussi forte dans les lois qui régissent le rapprochement des animaux et l'union de l'homme
et de la femme , chargés de propager la race
des êtres adorateurs , et il trouve que cette
seconde différence est aussi marquante que la
première ; il trouve que ces lois diffèrent
entr'elles autant que l'intelligence diffère de
la matière , autant que l'homme diffère de la
brute : l'une n'est que l'union des corps ,
l'autre est moins l'union de ceux-ci que celle
des esprits ; elle tient plus de cette dernière
que de la première , parce que l'homme est
intelligent et sociable , et que la brute ne l'est
point. Cette deuxième différence se tire de
celle de leur création. En effet, Dieu créa
d'une manière bien différente l'homme et les
animaux ; il ordonne à la terre et à la mer
de produire ceux-ci, et de les produire, chacun

dans leur espèce, mâle et femelle. Voyant que cette production était bonne, il la bénit, parce que Dieu bénit tout ce qui est conforme à ses desseins, tout ce qui est bon; et donne à cette production terrestre l'instinct de s'unir momentanément pour perpétuer son espèce. Mais aussitôt que ce but de la nature est atteint, le mâle, la femelle, et le fruit de leur union passagère, tous deviennent à jamais étrangers les uns aux autres; la promiscuité est leur partage, et l'ignorance de leurs rapports une suite de leur nature. Il n'en fut pas de même de l'homme; Dieu le crée d'abord seul, le façonne lui-même de ses mains divines, et le fait à son image et à sa ressemblance. Il l'établit maître de toute la nature, et pour l'en mettre en possession, il fait venir en sa présence tous les animaux, le mâle accompagné de sa femelle. Parmi cette foule d'êtres d'un rang si inférieur au sien, Adam n'aperçoit point une compagne digne de lui; il ne peut point espérer de la trouver parmi eux. Il faut que Dieu lui en donne une de la même nature et du même ordre que lui. *Il n'est pas bon que l'homme soit seul*, dit le Seigneur; il envoie un sommeil à Adam, et pendant qu'il dort, il tire de l'homme même la substance dont il forme la femme. En la voyant Adam s'écrie avec transport : « *Voilà maintenant l'os de* » *mes os et la chair de ma chair.* » Aussitôt le divin Législateur proclame cette loi qu'il grava dans le cœur humain. « *C'est pourquoi* » *l'homme quittera son père et sa mère, et* » *s'attachera à son épouse. Tous deux seront* » *dans une seule chair,* » et ne formeront tous deux qu'un seul tout. Dieu les bénit, et leur dit de peupler la terre. Il faut donc reconnaître que les lois relatives à l'union de l'homme et de la femme, à la sociabilité du genre humain, à l'origine et à la fin commune des hommes, sont bien différentes de celles qui régissent les animaux sous ces mêmes rapports.

L'histoire de la création et de la législation primitive nous montre donc que, pour former l'union entre l'homme et la femme, et instituer le mariage qui devait être la source de la multiplication, et en même temps de la liaison du genre humain, et pour donner à cette union des fondemens proportionnés aux caractères de l'amour qui en devait être le lien, Dieu ne crée d'abord que l'homme seul dont il tire un second sexe, et forme la femme d'une portion de l'homme même, pour mar-

quer, par l'unité de leur origine, qu'ils font
un seul tout où la femme est tirée de l'homme
et lui est donnée de la main de Dieu, comme
un secours et une compagne semblable à lui,
et formée d'Adam lui-même. Dieu unit et
bénit d'une manière particulière ce couple for-
tuné. Le mariage étant donc un lien formé de
la main de Dieu même, il doit être célébré
d'une manière digne de la sainteté de l'institution divine qui l'a établi. Et c'est une suite
naturelle de cet ordre divin, que le mariage,
union des esprits et des cœurs, aussi bien que
des corps, soit précédé et accompagné 1.º de
l'honnêteté (Adam ne trouve pas de compagne
digne de lui parmi les êtres qui sont au dessous de lui) ; 2.º du choix réciproque, de
l'aliénation mutuelle des personnes qui s'y en-
gagent (Voilà maintenant l'os de mes os et la
chair de ma chair) ; 3.º du consentement des
parens qui tiennent en plusieurs manières la
place de Dieu (Faisons-lui, donnons-lui un
aide semblable à lui). Source de la perpétuité et de la propagation de l'espèce, berceau
de la famille, aliment et base de la société
humaine, les besoins de l'homme dans ces
différens états exigent que cette union soit indissoluble. « L'homme quittera son père et sa
mère

» mère, et s'attachera à sa femme, tous deux
» seront dans une seule chair (1). » Ainsi l'un
des conjoints ne peut pas plus se séparer de
l'autre qu'il ne peut se séparer de soi-même.
En est-il de même chez les animaux ? non ,
sans doute. Les philosophes ravalent et avi-
lissent donc l'espèce humaine , en confondant ,
à l'égard du rapprochement des sexes , l'ordre
de la nature commun à tous les êtres animés ,
avec le droit naturel qui est particulier aux
hommes.

Dieu établit un ministère pour veiller à l'exécution des lois relatives à cette union , et pour
répandre sur les époux les bénédictions célestes
dont ils ont besoin , afin de s'aider mutuellement à supporter le fardeau de la vie , et pour
mieux remplir selon ses vues les obligations
qu'ils contractent envers eux-mêmes , envers
leurs enfans , et envers la grande société dont
ils sont membres. Ce ministère sacerdotal fut
confié aux pères de famille. Nous avons déjà
démontré que , sous l'état de nature , ils étaient
non-seulement les chefs naturels de leur famille , mais les ministres ordinaires de la religion. Ils disposaient seuls du mariage de leurs

---

(1) Corpus unum et anima una. (*S. Paul.*)

8

enfans. C'était au nom de Dieu qu'ils scellaient leur union sur laquelle ils appelaient les bénédictions du Très-Haut. On peut lire à cet égard l'histoire d'Abraham , de Ruth , c. 4 , et de Tobie, c. 7.

Lorsque le peuple juif passa de l'état de la loi de nature à l'état de la loi écrite , Moïse ne régla que les intérêts extérieurs du mariage, c'est-à-dire les clauses du contrat dotal ou civil (1) , et laissa entre les mains des pères de famille la puissance et les fonctions sacerdotales relatives à l'union des époux. En effet, nous lisons dans l'histoire de ce peuple que la bénédiction paternelle, cérémonie si touchante et consacrée dans l'antiquité , servit de bénédiction nuptiale. Le père , tenant lieu de pontife , disait, en plaçant la main droite de sa fille ou de son fils dans celle de l'autre époux : « Que le Dieu d'Abraham , d'Isaac soit avec » vous, QU'IL VOUS UNISSE LUI-MÊME , et » qu'il répande sur vous sa bénédiction (2). » Il y a donc mauvaise foi ou ignorance de la part de ceux qui prétendent que, chez les Juifs, le mariage était considéré comme un contrat

---

(1) Voyez ci-après , chap. 6 , la note.

(2) Voyez Tobie , chap. 7 ; Ruth , chap. 4.

purement civil dans lequel la religion n'entrait pour rien, parce qu'on n'y voit pas intervenir les prêtres. La loi écrite cependant ne l'envisageait, quant à la formation du lien, que comme un acte civil ; nous verrons pourquoi et ce qu'il en advint.

Les païens avaient conservé un souvenir confus de l'institution divine du mariage, puisqu'ils avaient créé des divinités particulières pour y présider. Toutefois ils s'occupèrent moins de sa sainteté et de sa pureté que de ses effets relativement aux intérêts pécuniaires. Nous verrons encore ce qu'il en résulta.

Il est remarquable que partout ce contrat, qui est la source des familles, la source d'une société pépinière des états, a fixé l'attention des législateurs d'une manière toute particulière; partout ils ont reconnu, soit en pratique soit en théorie, que la base essentielle de ce contrat était la religion qui seule forme et régit l'homme moral. L'immoralité, le trouble, la confusion et les désordres de tous genres ont été le partage des peuples qui, méconnaissant cette base conservatrice, ne se sont occupés du mariage que sous ses rapports civils. Nous allons essayer dans les chapitres suivans de prouver ces résultats.

8.

CHAPITRE III.

Conclusions des chapitres précédens. Effets de la religion et de la loi civile relativement au mariage.

AINSI le mariage, le plus ancien, le plus sacré et le plus universel de tous les contrats, est antérieur à toutes les lois civiles ; contrat religieux, il date d'aussi loin que l'homme ; les sociétés ne se sont formées et ne se sont établies qu'à l'aide de ce contrat : il ne tire donc point son essence, ses principes constitutifs, des lois civiles, mais du Législateur suprême qui, agissant sur les cœurs, dirigeant les esprits, peut donner lui seul à ce contrat le caractère d'unité et le sceau de l'indissolubilité qui lui sont nécessaires dans l'intérêt de tous les membres de la famille. L'officier de l'état civil ne peut donc point dire : *Je vous déclare unis au nom de la loi*, parce que la loi civile n'unit rien indissolublement. Elle est incapable de river, si l'on peut s'exprimer ainsi, le consentement des époux, et de former par là un nœud indissoluble ; elle ne fait

que constater un fait, celui de la déclaration
mutuelle des époux ; or constater un fait n'est
pas former un nœud qui puisse lier les esprits.
La loi civile ne fait que permettre aux époux
qui le demandent, avec les qualités et conditions par elle requises, d'unir leur corps pour
perpétuer l'espèce, et de former une société
civile qu'elle prend sous sa protection, ainsi
que toute autre association ; mais elle n'unit
pas, elle n'enchaîne point leur cœur, ni leur
esprit, qui sont tout-à-fait hors de son domaine,
sur lesquels elle n'a nul pouvoir, et sans l'union
desquels cependant il n'y a ni ne peut y avoir de
mariage. On ne dira pas que les époux s'unissent
eux-mêmes en remplissant toutes les conditions
voulues par le Code ; ils ne peuvent que donner
leur consentement qui, à la vérité, est essentiel pour former le contrat, mais ce consentement seul ne le forme point dans l'état de
société, il n'en est que la matière ; c'est le
lien nécessaire pour les unir, et avec lequel
la religion seule forme le nœud indissoluble,
parce qu'elle seule lie et enchaîne les esprits.
Quelle que soit la diversité des formules, c'est
toujours au nom du Ciel, au nom de Dieu que
le ministre des autels unit les époux, chefs
d'une société qui, tout autant que la société poli-

tique, exige la religion comme base nécessaire
à son existence.

Remontant au berceau du monde, le mariage est donc la base première de toute société humaine; et comme nulle société ne peut
subsister, si elle n'a pas la religion pour appui
et pour sanction, le mariage, contrat social
entre le père, chef ou roi, la femme et les
enfans, sujets de l'état domestique, doit donc
être essentiellement religieux. En effet, qui
règle les rapports moraux et domestiques des
époux entr'eux et envers leurs enfans? est-ce
la religion ou la loi civile? Qui veille le plus
à la propagation et à la multiplication de l'espèce? est-ce la religion ou la loi civile? Quel
succès eurent à cet égard les lois romaines? Qui invite avec plus de persuasion, avec
plus de force les époux à être fidèles? Qui les
ramène le mieux à leurs devoirs? est-ce la
religion ou la loi civile? Qui donne des mœurs
aux hommes? est-ce la religion ou la loi civile?
Qui a civilisé? qui a humanisé les peuples? c'est
l'Evangile. Et comment l'Evangile seul est-il
venu à bout de lever la barrière qui séparait
les nations, et a-t-il fait de tout le genre
humain un peuple de frères? c'est en civili-
sant, c'est en polissant la famille domestique,

c'est en lui donnant des mœurs; et ces mœurs, il ne les a données que par persuasion et qu'en éclairant les esprits.

Ainsi sans l'Evangile point de lumières, sans lumières point de religion, sans religion point de mœurs, et sans mœurs point de société possible. Pourquoi? parce que l'Evangile seul, lumière et vérité d'en haut, nous éclaire sur tous nos devoirs, et nous en montre la source, le motif et la fin. Quel est l'état de la famille domestique? quel est l'état des mœurs et quel est celui de la société politique chez les peuples où le mariage n'est considéré que comme un acte civil? Réfléchissez et tremblez pour vos descendans. Qu'il nous suffise de citer un exemple avec Montesquieu, et de demander pourquoi « la religion de Zoroastre rendit au- » trefois le royaume de Perse florissant, et » corrigea les mauvais effets du despotisme, » et pourquoi la religion mahométane détruit » aujourd'hui ce même empire? » c'est parce que dans l'une le mariage est un contrat reli- gieux, et qu'il est seulement un contrat civil dans l'autre; c'est parce que le législateur des Perses constitua la famille, régla ses rapports domestiques par les lois de la religion, et que le prophète de la Mecque ne fait agir que la loi civile : qui le croirait? notre législation , quant à l'union conjugale , est exactement la même que celle qui est tracée dans le Coran.

CHAPITRE IV.

Pouvoir du prince quant au mariage.

IL semblerait , d'après votre manière de voir et de raisonner, que le prince n'aurait aucun pouvoir sur le mariage. Il semble au contraire , d'après votre objection , que vous ne nous avez pas compris. Voici quelle est sur cette matière la mesure de la puissance du souverain. Le prince , comme nous l'avons déjà dit ailleurs, est la base fondamentale de l'édifice politique; père de la grande famille , il est placé à la tête de la société civile dont il est le gardien ; il veille assidûment à l'exécution des lois qui garantissent l'existence et les droits de chacun, et punit par les lois établies quiconque trouble l'harmonie sociale et porte atteinte à l'ordre général et particulier. Or le mariage est un contrat domestique dans son principe constitutif, et public, c'est-à-dire civil dans ses effets. Comme contrat domestique ou naturel, il ne

peut être régi que par la religion de laquelle
il tient son essence distinctive et tire la seule
sanction qui puisse l'atteindre. Comme public
dans ses effets, « comme étant de toutes les
» actions humaines celle qui intéresse le plus
» la société, il doit être réglé et surveillé par
» les lois civiles. »

Ainsi, comme protecteur suprême de tous
les membres de la famille sociale, le législateur, le prince doit veiller, 1.º à ce que
le consentement des deux époux soit libre et
exempt de violence et de crainte ; 2.º à ce que
ce consentement ne soit pas subreptice, c'est-
à-dire à ce qu'il n'y ait pas erreur dans la personne ; 3.º à ce que l'autorité et les droits des
parens ne soient pas méconnus par les enfans
époux ; 4.º le mariage ayant pour but principal la propagation de l'espèce, le prince doit,
suivant les climats, l'empêcher avant que les
époux aient l'âge requis par la nature pour
atteindre à ce but ; 5.º la polygamie étant rejetée par la raison, le souverain doit défendre
de contracter un second mariage pendant l'existence d'un premier lien ; 6.º comme gardien
des mœurs publiques ou extérieures, il doit
empêcher les mariages entre parens aux degrés
prohibés ; 7.º pour prévenir les troubles, les

désordres et les fraudes , il doit veiller à ce
que le mariage ait la plus grande publicité.
Tels sont les droits et les devoirs du prince
quant aux qualités et conditions requises
pour pouvoir contracter valablement mariage.
Lois de police, tous ceux qui habitent l'état
y sont soumis, quelles que soient d'ailleurs
pour un étranger les lois et les coutumes de
sa patrie. Nous reconnaissons encore que le
prince peut exiger d'autres qualités et conditions si les besoins de la société le demandent.
Le législateur a cru pourvoir à tous ces points
de discipline extérieure et publique par les
dispositions dirimantes contenues au titre cin-
quième du Code civil où il déclare nuls les
mariages contractés en contravention de ces
dispositions. Dans tout ceci la loi civile est
d'accord avec la loi religieuse. Toutes les deux
ajoutent d'autres dispositions appelées prohi-
bantes, par lesquelles elles empêchent de
contracter mariage , tolérant et reconnaissant
toutefois celui qui aurait été contracté malgré
ces empêchemens.

Impediunt fieri, permittunt juncta teneri.

En comparant les dispositions de la loi religieuse et celles de la loi civile sur cette

discipline ou police, on s'aperçoit aisément que la loi religieuse est bien plus sociale que la loi civile, qu'elle tend plus au perfectionnement de l'espèce, et veille plus à sa conservation que ne le fait le Code. En effet, en ne permettant les mariages entre parens qu'à des degrés plus éloignés, elle est plus utile aux mœurs et à l'espèce ; elle force les citoyens à établir et à former entr'eux plus de rapports et de liens sociaux, sans détruire cependant les liens du sang. Souvent des maladies héréditaires dans des familles se fortifient par l'union des deux sangs viciés, et finissent par éteindre la race ; la loi religieuse prévient cet inconvénient en reculant les degrés ; par là les générations se croisent davantage, le virus se neutralise ; le sang corrompu se bonifie en se mêlant avec un sang pur, et l'espèce en devient meilleure : elle est plus morale dans ses résultats ; les cousins-germains ne formant qu'une nombreuse famille dans une commune habitation et vivant toujours en frères, il était naturel, pour conserver la pureté et la décence domestiques, d'écarter l'idée du mariage de tous ceux qui vivent ainsi sous le même toit, et sous la surveillance d'un même chef.

Telles sont les règles de discipline ou de police touchant les qualités et les conditions requises ; mais l'accomplissement de toutes ces choses ne forme point, ne constitue point le contrat de mariage ni son essence ; en un mot elles ne sont pas le mariage ; mais seulement des préparatifs et des voies pour y arriver.

Viennent d'autres règles ; celles-ci sont toutes civiles, et ne relèvent que du prince ; elles sont établies pour régler les intérêts de la société conjugale. Tout en laissant aux époux la plus grande latitude pour la régler, le prince a le droit, puisque c'est un devoir pour lui, d'éclairer et de diriger les clauses de cette société, d'après les mœurs de la nation, les lois politiques et le droit public qui gouvernent la grande famille. Ces règles ou ces lois sont tracées dans le Code civil, liv. 3, tit. 5. Toutes les stipulations matrimoniales faites conformément aux dispositions de ce titre, ou qui n'y contreviennent pas, s'appellent contrat civil DE mariage. Ici les mots *contrat civil DE mariage* sont en parfaite harmonie et disent tout ce qu'on veut dire. Ce contrat est réellement civil ; il tient son essence, son origine, sa force et sa forme de la loi civile qui ne régit que les citoyens. Les étrangers ne sont nullement soumis à cette loi qui ne peut les atteindre. *Hoc jus civile dicitur, quod quisque populus sibi constituit et cujusque civitatis proprium est.* Ainsi toutes les stipulations matrimoniales entre Français, contraires aux principes et aux dispositions énoncées dans ce titre sont nulles de plein droit; la loi civile ne les reconnaît pas ; elle les détruit elle-même. Il n'y a donc, relativement au mariage, que le contrat qui règle les intérêts des époux, qui régit l'association conjugale, quant aux biens, qu'on puisse appeler contrat civil DE mariage, et qui soit réellement tel. Il est donc absurde, il est donc contraire aux premiers élémens du droit et aux principes du sens commun, d'appeler contrat civil celui par lequel sont unis les époux; s'il en était ainsi, les étrangers ne pourraient se marier valablement en France (4). Il faut donc dire que le mariage est un contrat divin dans son essence, du droit des gens dans la faculté qu'ont tous les hommes de le faire quelque part qu'ils se trouvent, et civil dans ses résultats seulement, et ce n'est que sous ce dernier rapport que le législateur peut le régler; il peut et doit même indiquer les qualités qu'on doit avoir, mettre les conditions qu'il faut remplir, et tracer la marche à suivre pour contracter matrimonialement. Mais encore une fois, l'existence de ces qualités, l'accomplissement de ces conditions ne constituent pas le mariage, le contrat DU mariage ; ainsi l'existence des qualités, l'accomplissement des conditions et des formalités requises pour obtenir jugement ne sont pas le jugement, ne le forment, ne le constituent pas.

CHAPITRE V.

Sentiment de Montesquieu sur le pouvoir du prince et de la religion relativement au mariage.

Nous venons de voir tous les droits et devoirs du prince quant au mariage ; il n'en a pas, il ne peut en avoir d'autres sans usurper un pouvoir qui ne lui appartient pas ; et sans aller contre la nature des choses, son pouvoir et ses droits à cet égard sont tout extérieurs, et ne portent que sur les corps qui sont seuls du ressort de la puissance temporelle. Voyons ce que pensait à cet égard un homme qui avait étudié toute sa vie les lois des divers peuples de la terre, et dont la France s'enorgueillit à juste titre; Montesquieu dit : « Il est arrivé dans tous les pays et dans » tous les temps que la religion s'est mêlée » des mariages dès que de certaines choses » ont été regardées comme impures ou illi- » cites, et que cependant elles étaient néces- » saires, il a bien fallu y appeler la religion » pour les légitimer dans un cas et les approu- » ver dans les autres.

» D'un autre côté, les mariages étant de » toutes les actions humaines celle qui inté- » resse le plus la société, il a bien fallu » qu'ils fussent réglés par les lois civiles.

» Tout ce qui regarde le *caractère* du ma- » riage, *sa forme* la *manière* de le *contrac-* » *ter*, la *fécondité qu'il procure*, qui a fait » comprendre à tous les peuples qu'il était » l'objet d'une bénédiction particulière, qui » n'y étant pas toujours attachée, dépendait » de certaines grâces supérieures; tout cela » est du ressort de la religion.

» Les conséquences de cette union, par » rapport aux biens, ses avantages récipro- » ques; tout ce qui a du rapport à la famille » nouvelle, à celle dont elle est sortie, à » celle qui doit naître; tout cela regarde les » lois civiles.

» Comme un des grands objets du mariage
» est d'ôter toutes les incertitudes des conjonc-
» tions illégitimes, la religion y *imprime son
» caractère*, et les lois civiles y *joignent* le
» leur, afin qu'il ait toute l'authenticité pos-
» sible ; ainsi, outre les conditions que de-
» mande la religion pour que le mariage soit
» valide, les lois civiles en peuvent exiger
» d'autres.

» *Ce qui fait que les lois civiles ont ce
» pouvoir, c'est que ce sont des caractères
» AJOUTÉS, et non pas des caractères contra-
» dictoires* ; la loi de la religion veut de cer-
» taines cérémonies, et les lois civiles veulent
» le consentement des pères ; elles demandent
» en cela quelque chose de plus ; mais elles
» ne demandent rien qui soit contraire.

» Il suit de là que c'est à la loi de la reli-
» gion à décider si le lien est indissoluble
» ou non ; car si les lois de la religion avaient
» établi le lien indissoluble et que les lois
» civiles eussent réglé qu'il se peut rompre,
» ce seraient deux choses contradictoires. » Et
voilà précisément ce que font nos lois civiles.

Or a déjà dit le même écrivain, « Il est dan-
» gereux que les lois civiles permettent de leur
» côté ce que la religion doit condamner. »

Donc

» ner. » Donc les lois civiles font une chose dangereuse pour la société, en forçant les citoyens à ne regarder comme légitimes que les mariages faits à la mairie, et en ne regardant elles-mêmes le mariage que comme un contrat civil; en le considérant ainsi, la loi civile fait plus; elle dégrade le mariage, elle avilit l'espèce humaine, et à force d'audace, d'usurpation et de despotisme, elle croit pouvoir cacher sa faiblesse et la nullité de ses moyens. Mais l'athéisme armé d'une autorité légale descend en vain de la tribune du législateur, le sentiment religieux et moral le repousse du cœur des vrais chrétiens; ils croient avec raison qu'ils ne sont légitimement et inséparablement unis que par la religion et au nom de Dieu, souverain Législateur.

Ainsi le pense le grand homme dont nous venons de rapporter une partie du chapitre sur la matière que nous traitons. Il indique, il fait connaître ce qui appartient à la religion et ce qui est du ressort de la loi civile : le *caractère* du mariage, c'est-à-dire ses principes constitutifs, son essence; la *manière de former le nœud conjugal;* la *fécondité* que cette union procure en réglant les rapports moraux des époux, tout cela, dit-il, appar-

tient à la religion, et n'appartient qu'à elle
seule. Donc, selon Montesquieu, le mariage
est essentiellemement religieux dans son principe. Comme public dans ses effets, la loi civile règle les conditions qu'elle peut exiger.
A la force de la religion, la loi civile peut
joindre la sienne pour donner à cet engagement
toute l'authenticité et toutes les garanties qu'il
peut et qu'il doit avoir. Toutefois la loi civile,
selon ce publiciste, n'a cette faculté qu'autant
que tout ce qu'elle ajoute à la loi religieuse est
en harmonie avec celle-ci, et ne lui est pas
contraire ni contradictoire. Il est donc bien
évident que Montesquieu ne reconnaît que la
religion seule comme habile à former indissolublement le nœud conjugal, et à donner à cet
engagement l'unique sanction qui lui convienne,
et qui puisse l'atteindre.

CHAPITRE VI.

Du mariage sous la législation romaine
et sous celle de Moïse.

On admire, nous dira-t-on, la législation de
Moïse, Dieu l'avait dictée lui-même. On admire aussi la législation romaine ; elle a mé-

rité le titre glorieux de raison écrite. Cependant l'une et l'autre n'envisageaient, ne réglaient le mariage que comme un contrat civil. Voilà des autorités respectables et contraires à votre système ; il n'est pas facile de les détruire.

Combattant, selon nos moyens, pour la vérité et pour ce qui peut rendre heureux les hommes, ce que nous défendons n'est point un système ; la vérité est quelque chose de réel ; un système ne l'est pas toujours ; la vérité est ce qui est (1).

Moïse, ou plutôt Dieu, dites-vous, n'a considéré le mariage que comme un contrat civil ; soit. Cela prouve seulement que la législation de Moïse était sous ce rapport, comme sous bien d'autres, une législation imparfaite, ne liant les hommes qu'extérieurement, donnée et appropriée au peuple le plus charnel, comme le plus grossier et le plus mutin. Dieu ne veut pas que l'homme ne soit qu'un mannequin entre ses mains. S'il semble quelquefois se prêter à la position et au caractère des hommes, il ne les récompense alors qu'en raison de leur mérite, résultat de la règle qu'ils se sont choisie pour se conduire, et c'est

_____

(1) Bossuet.

ce qu'il fit à l'égard des Juifs. Pour ne pas trop heurter la sensualité de ce peuple, excitée d'ailleurs par le climat et par l'exemple de toutes les nations, Moïse forcé d'accorder le divorce aux Juifs, à cause de la dureté de leur cœur, ne put et ne dut considérer le mariage que comme un contrat civil, dissoluble de sa nature, et ce fut pour éviter de plus grands désordres, des transgressions et des châtimens continuels, qu'il s'écarta entièrement, à cet égard, de la législation primitive. Nous avons vu dans l'histoire de l'institution divine du mariage, que cette union avait trois caractères distinctifs qui forment son essence, unité, perpétuité, indissolubilité, si fortement exprimées dans ces mots, surtout, du législateur universel : *Ils seront deux dans une seule et même chair*. Malgré cette défense absolue, Moïse permit la polygamie, autorisée par l'exemple de Lamech, homme violent, qui, le premier, épousa deux femmes et divisa une chair entre deux épouses (1), et par celui des

______

(1) **Primus Lamech**, sanguinarius et homicida, unam carnem in duas divisit uxores : fratricidium et bigamiam eadem cataclysmi delevit pœna. *S. Hyeron. advers. Jov. lib.* 1.

patriarches qui l'imitèrent. Il permit le divorce, comme nous l'avons déjà vu, à cause de la dureté du cœur des Israélites, et il le permit au mari qui concevait du dégoût pour sa femme. Mais quel dégoût autorisait cet acte? Ici les interprètes ouvrent, selon leur coutume, une vaste carrière à leurs conjectures, et les casuistes hébreux à leurs interprétations. Vers le temps de J. C., le rabbin Hillel, dont l'école prévalut sur celle du rabbin Shammaï, enseignait qu'un mari pouvait renvoyer sa femme, si elle n'apprêtait à son gré les mets qu'elle lui servait. Son disciple Akiba, qui eut lui-même jusqu'à 80,000 disciples, enseignait aussi qu'un mari pouvait répudier sa femme par la seule raison qu'il en trouvait une plus belle, et même sans aucun prétexte.

D'ailleurs, chez les Juifs, le contrat de mariage, où le consentement des parties n'était pas essentiel, ne formait, ne faisait point le mariage, en vain était-il écrit : tant que la jeune personne n'avait pas été conduite dans le lit nuptial, elle n'était que fiancée. Ainsi les Juifs ne contractaient pas mariage d'une manière différente de celle que suivit Jacob avec Lia. Il faut donc reconnaître, d'un côté, que Moïse ne régla que l'extérieur du mariage, et,

de l'autre, qu'il s'écarta entièrement de l'institution divine de l'union conjugale, puisqu'on
ne retrouve dans le code de ses lois ni l'unité, ni
l'indissolubilité qui en formaient l'essence dans
la législation primitive que le Créateur donna
au genre humain. Nous venons de voir à quelle
profonde immoralité conduisit une pareille législation sur le mariage. Or l'immoralité en-
traîne l'esclavage à sa suite ; les femmes chez
les Juifs furent toujours des Ilotes ; toujours
elles furent traitées comme elles le sont dans
tout l'Orient ; vils instrumens, elles n'ont de
mérite qu'en raison des voluptés qu'elles pro-
curent à des hommes sensuels.

Passons à la législation romaine, et reconnaissons qu'elle n'envisageait pas le mariage
autrement que Moïse ne l'avait considéré lui-
même ; il faut même dire que le législateur
romain ne le regardait que comme le rapprochement de deux êtres, mâle et femelle,
nécessaire pour reproduire l'espèce. Ouvrons
le Digeste.

Dans la première loi de son code le législateur romain, après avoir donné (en profond
moraliste sans doute) cette singulière définition du droit naturel, après avoir dit que ce
droit était « ce que la nature enseigne à tous

» les animaux ; car, dit-il (et remarquez bien
» ce CAR), ce droit n'est pas particulier au
» genre humain ; il est également commun
» aux animaux qui naissent dans les eaux et
» sur la terre, et même aux oiseaux (1) »

Ce sera dans cette règle universelle que le législateur romain puisera toutes ses lois sur le mariage, et craignant qu'on ne s'y trompât, il ajoute : « C'est de ce droit que vient l'union » du mâle et de la femelle, union que nous » appelons mariage. » On nous dira peut-être que cette définition n'est pas celle du mariage appelé *noces* chez ce peuple, mais bien la définition tirée du droit naturel, et que le droit civil en donne une autre ; voyons le titre *de ritu nuptiarum.*

____

(1) Les animaux ne connaissent d'autre droit que celui du plus fort ; les Romains n'en connurent jamais d'autre. Qu'elle est ingénieuse, qu'elle est profonde cette fiction qui donne à Romulus une louve pour nourrice, là se trouve, comme en un seul point, tout le moral de l'histoire romaine. Ce peuple est-il fort, c'est le loup de La Fontaine contre l'agneau, est-il faible, il endosse le hoqueton de Guillot ou la peau de maître renard ; il surpasse alors les Carthaginois en fourberie. La foi des pirates fut préférable à celle du sénat romain. (*Cic. de Off. lib.* 3, *cap.* 22.)

« *Nuptiæ* (le mariage romain) est la con-
» jonction du mâle et de la femelle, » dit la
loi première de ce titre. « C'est la société de
» toute la vie. » Nous verrons ci-après ce que
devenait cette société *de toute la vie*. Le législateur paraît un peu moins brute dans le §. 1.er
de Patri. potest. Inst., où il dit : « *Nuptiæ*
» sive *matrimonium*, le mariage est la con-
» jonction de l'homme et de la femme » : par
ces derniers mots *l'homme* et *la femme*, Jus-
tinien semble dire qu'il ne va s'occuper à régler que le rapprochement de ces deux êtres,
et qu'il ne s'occupera pas de celui des animaux
brutes, ainsi que le laissait penser sa première
définition. Mais de quoi s'occupera-t-il, relativement à la conjonction de l'homme et de
la femme ? Comme Moïse, il ne s'occupera
que de l'âge exigé par la nature pour pouvoir
en atteindre le but; du consentement des parties contractantes et de celui de ceux sous la
puissance desquels ils se trouvent : il établira
quelques empêchemens dirimans de parenté,
d'alliance ou d'esclavage, et donnera ensuite
tous ses soins à régler les intérêts pécuniaires
des futurs conjoints. Voilà à quoi se réduit toute
la sagesse et la vigilance du législateur romain
sur le plus important des engagemens de la
vie humaine.

Ces formalités remplies, il laisse aux époux le soin de s'acheter ou de s'acquérir par prescription, et dans ce négoce de corps humain, où la femme devenait *l'esclave*, *la chose* du mari, avec toutes les conséquences de ces deux qualités, on ne voit qu'un lien extérieur : la société conjugale n'y diffère en rien des sociétés les plus ordinaires qui se forment parmi les hommes ; elle y est assimilée aux contrats les plus vulgaires qui puissent les lier, jusqu'à ce que le caprice leur vienne de le rompre. Il n'en était pas de même dans les beaux temps de Rome et sous les lois de Numa. Des cérémonies religieuses, emblématiques et toujours imposantes, venaient rappeler aux époux la sainteté de leur union et les devoirs qu'elle leur imposait. Il régnait parmi eux une amitié constante, produite par cette union même que les dieux avaient rendue indissoluble, et le divorce était inconnu. « Quoique » les anciens Romains, dit Gravina, eussent le » pouvoir de répudier leurs femmes, les lois » de la pudeur, le respect pour les SACRIFICES » NUPTIAUX et l'AUTORITÉ DES AUSPICES les » empêchèrent long-temps d'en faire usage. » Le premier qui l'osa fut Sp. Cervilius Ruga, » lequel répudia sa femme pour cause de sté-

» rilité. Avec le temps, la dissolution des
» mœurs devint si grande que les femmes
» changeaient de maris presque tous les ans,
» et qu'il leur était plus ordinaire de compter
» les époques par la suite de ceux à qui elles
» avaient donné leur main que par celle des
» consuls (1). » Oui, la corruption ayant
remplacé ces rits conservateurs qui avaient
été abandonnés à la volonté de chacun, l'in-
décence publique monta à un tel point que
l'on vit le plus vertueux des Romains, le grave
et sévère Caton, prêter pour quelques années
sa femme à Hortentius. Le vertueux Caton regardait donc sa femme comme un billet négo-
ciable. Avec une telle législation, une législation toute humaine, Auguste fit d'inutiles
lois pour forcer les patriciens au mariage ; les
dames romaines, véritables lettres de change,
qui ne demandaient qu'à passer de mains en
mains, trouvaient le secret de changer huit
fois de maris dans cinq ans (2) ; une d'elles
quitta la vie après en avoir eu vingt-deux (3) ;
quid vanœ valeant sine moribus leges. Il

---

(1) Hist. de la législ. rom.
(2) Juvénal.
(3) S. Jérôme.

devait en être ainsi ; les époux n'étaient unis que par un lien civil dont nous examinerons ci-après toute la force.

Du principe que le mariage n'est qu'une association civile, il suit évidemment et nécessairement que le prince n'a pas plus le droit d'interdire le divorce qu'il n'a celui de défendre à un citoyen de racheter la maison qu'il a vendue, de révoquer un premier testament pour un second ; en un mot, d'anéantir ou de détruire un premier engagement par une volonté contraire à celle qui l'a dictée. Car le prince, comme sa loi, ne peut rien lier indissolublement, c'est ce qui arrivait chez les Juifs et chez les Romains. Le prince et sa loi peuvent seulement venir au secours de la partie lésée par suite de la non-exécution du pacte de la part de l'autre partie qu'ils doivent alors forcer à remplir ses engagemens, en opérant sur ses biens ou sur son corps, mais non sur sa volonté qui n'est pas en leur pouvoir.

Nous citera-t-on les donations entre vifs comme établissant un lien civil indissoluble ? La loi civile nous répond elle-même que le donateur n'est tenu par aucun lien légal ; que cependant il ne peut reprendre sa chose. Pourquoi ? parce qu'il l'a perdue lui-même, parce qu'il l'a, pour ainsi dire, anéantie, et qu'elle n'existe pas plus pour lui que si le feu l'avait consumée. *Nam*, dit-elle, *qui dat perdere videtur, donare est perdere* (ff. *de Donationibus.*)

Donc, avec une telle manière d'envisager le mariage comme lien civil, on ne peut pas plus en empêcher la rupture qu'on ne peut s'opposer raisonnablemet à la cessation de toute espèce de société quelconque, lorsque les associés consentent de part et d'autre à la dissoudre.

Mais, dit-on, le mariage n'est pas un contrat comme un autre; c'en est une espèce toute particulière; il ne se forme que par le consentement réciproque des parties, exprimé d'une manière légale devant un officier laïque ou religieux désigné par le législateur, et qui est seul habile à recevoir et à enregistrer ce consentement. Il ne se forme point, comme chez les Hébreux, *per carnalem conjunctionem;* ce n'est point, comme chez les Romains, une société à temps ou pour toujours, selon le caprice ou le bon plaisir des époux sociétaires. Ce contrat n'admet que deux associés; un homme et une femme; il n'a d'autre but que la procréation de l'espèce; il est fait pour toute la vie de l'un des associés; il ne dépend pas des parties de le rompre à leur volonté, et ceci est conforme à l'édit de novembre 1787 qui porte :

ART. 17. « Les parties contractantes décla- » reront qu'elles se sont prises et se prennent » en légitime et indissoluble mariage , et » qu'elles se promettent fidélité.

ART. 18. » Le curé ou vicaire , ou le juge » déclarera aux parties qu'elles sont unies AU » NOM DE LA LOI en légitime et indissoluble » mariage , et inscrira lesdites toutes décla- » rations , etc., etc. »

Sous la couleur d'un sentiment philanthro-pique, sous le prétexte de rendre aux protestans en France l'état que la fatale révocation de l'édit de Nantes leur avait enlevé , l'édit de 1787 , funeste prélude de la loi actuelle sur le mariage, a supposé que , parce que les dis-cidens ne regardaient pas le mariage comme un sacrement, ce contrat n'était pour eux qu'un contrat civil semblable à tout autre contrat ; nous ne savons si nous nous trompons , mais il nous semble que telle n'a jamais été la croyance des protestans français; ils ont toujours regardé le mariage au moins comme un contrat naturel d'institution divine, qui , pour ce motif, ne pouvait être fait que par le ministre du culte qui donnait aux époux la bénédiction nuptiale

et les liait AU NOM DE DIEU, et non point AU
NOM DE LA LOI CIVILE.

L'objection que vous venez de proposer tend
toujours à faire entendre et à soutenir que le
mariage n'est qu'un pacte civil; mais avec une
telle manière de raisonner, dites-nous où la
loi civile prendrait-elle les motifs de l'unité?
dans la nature? mais la nature n'ordonne ni
ne défend rien à cet égard; le but du mariage,
la propagation de l'espèce n'empêche pas un
homme d'avoir plusieurs femmes; Jacob n'aurait pas eu douze fils, s'il n'eût épousé que Lia
ou Rachel; Hécube n'était pas la mère des cin-
quante fils du vieux Priam. Les motifs de perpétuité, d'indissolubilité, d'où les tirera-t-elle?
Direz-vous que l'homme et la femme qui ont
satisfait aux dispositions de la loi, se marient
eux-mêmes, impriment seuls sur leur union le
sceau de l'indissolubilité qui lui est nécessaire,
et que le maire n'en est que le témoin légal?
cette opinion ressemble à celle des théologiens
qui prétendent que les époux se confèrent eux-
mêmes le sacrement de mariage; ce qui nous
paraît absurde. Le résultat d'un pareil système
serait que deux individus, un homme âgé de
trente ans et une femme de vingt-cinq, sans
parens, pourraient, après avoir fait placarder

leur projet d'union, se présenter devant le maire
ou le curé, et leur dire : « Monsieur, nous avons
» eu commerce ensemble; nous nous sommes
» mariés à tel instant; écrivez, enregistrez sur
» vos tablettes cet acte naturel, afin que les
» intéressés n'en ignorent, et que notre union
» ait les effets civils. »

C'est ainsi que, pour être valable, tout acte
de société en nom collectif, ou en commandite,
doit être transcrit, à peine de nullité, sur le
registre du greffe du Tribunal de commerce
dans l'arrondissement duquel est établie la
maison sociale.

En faveur des motifs de perpétuité, ferez-vous
valoir l'intérêt des enfans ? mais que devient
cet intérêt dans les séparations de corps ? Et
d'ailleurs, les époux sociétaires ne peuvent-ils
pas prendre des arrangemens tels que cet intérêt des enfans ne soit nullement froissé ? et
alors qu'aurez-vous à dire ? Puiserez-vous les
motifs d'indissolubilité dans les dispositions de
la loi civile? mais jamais cette loi, chez aucun
peuple connu, n'a lié indissolublement les
citoyens dans quelque engagement que ce soit;
et c'est ce que nous verrons ci-après. Les tirerez-
vous encore ces motifs du consentement des
parties? encore moins; il répugne à la nature

de l'homme de se lier de cette manière, *quia semper est ambulatoria hominis voluntas*. Le législateur romain avait reconnu et proclamé ce principe, sans lequel la législation est despotique, et ne peut être que l'expression d'un législateur tyran, parce qu'il n'est pas donné à l'homme de commander à la volonté d'un autre homme, *nemo ad velle cogi potest* : le Tout-Puissant lui-même respecte ce principe, lui qui fit l'homme libre ; il n'y déroge que lorsque l'exige le bonheur du genre humain ; et c'est précisément ce bonheur, ainsi que le perfectionnement physique et moral de l'homme, qui ont exigé que la volonté de celui-ci fût stable relativement au contrat dont nous nous occupons. Lorsque le Créateur dit, en unissant nos premiers aïeux : « Ils seront deux dans une seule et même chair, » il voulut, de sa volonté souveraine, que leur union fût indissoluble ; cette loi sur l'union conjugale n'a pu sortir que de la bouche de celui qui a établi les lois qui régissent les mondes et dirigent les astres dans leur cours. Les hommes n'ont pas impunément transgressé cette loi ; ce n'est qu'après l'avoir foulée aux pieds qu'ils sont tombés dans l'immoralité et l'abrutissement. Nous avons vu quelles étaient les

mœurs

mœurs publiques et ce qu'était la famille sur
les bords du Tibre et du Jourdain, ou plutôt
ce qu'elles étaient dans l'univers entier, lorsque
le Fils du Très-Haut descendit sur la terre. Ce
ne fut qu'en rappelant cet acte à son institution
primitive, qu'il mit un frein à la dissolution
profonde qui désolait la société; il n'opposa à
ce débordement universel une digue capable
de le contenir et de l'arrêter que par le renou-
vellement de cette loi première en vertu de
laquelle il cimenta lui-même l'union du chef-
d'œuvre de ses puissantes mains. Cette digue
et ce frein se trouvent énergiquement établis
dans cette défense absolue que fit le Régéné-
rateur du genre humain, lorsqu'il dit « que
» l'homme ne sépare point ce que Dieu a uni; »
et ce pouvoir d'unir au nom du Créateur il ne
le donna qu'aux magistrats évangéliques; « ce
» que vous aurez lié sera et restera lié. »

On se demande comment il se fait que
le législateur ait oublié que le mariage est
le plus saint et le plus sacré des sermens,
et que, dans cet oubli de sa propre dignité,
il se soit, au moins quant à ce contrat, promulgué aux yeux de la société la seule sanction d'un acte qui ne connut jamais d'autre
véritable sanction que celle de Dieu même.

10

En effet, faire un serment n'est-ce pas prendre le Ciel à témoin de la vérité d'un discours, de la sincérité d'une promesse, et appeler sur soi la vengeance divine pour punir, si l'on ment, si l'on n'accomplit la promesse faite, ou si l'on manque à la foi jurée. Le serment fut donc toujours un acte religieux, par lequel on fait profession de reconnaître et de craindre la Divinité, ainsi que sa justice suprême. Cependant les époux font un serment, ils se jurent fidélité et secours, et au nom de qui ? au nom de la loi, dit-on (1). Mais la loi n'est autre chose que l'expression de la volonté du souverain, c'est le produit de son génie et de son intelligence ; faire serment, promettre, jurer au nom de la loi, c'est donc jurer par la volonté et par le génie du législateur. Chose étrange.... Aura-t-on l'impudeur d'oser dire que chez les Romains on faisait serment par le génie du prince (2).

Ainsi que par César on jure par sa mère (3).

---

(1) Art. 75.

(2) Sueton. in vitâ Caracal. c. 27 ; in vitâ Caii, c. 13. Dion. 18, liv. 2. Cod. de Reb. cred. et Jurej, liv. 13, §. ult. ff. de Jurej, etc.

(3) Racine, Britan.

L'auteur d'une telle objection ne semble-t-il pas vouloir proposer pour modèles à un législateur quelconque, les Néron, les Caracalla, les Caius, etc. Etranges modèles.... Et qu'a de commun avec ces monstres couronnés un législateur chrétien?

L'homme est donc incapable par lui-même de lier l'homme indissolublement, et par conséquent d'unir les époux d'un lien qu'ils puissent respecter à jamais. Dieu seul met le sceau de sa loi sur le consentement des parties contractantes, et rend stable ce consentement; lui seul forme les nœuds qui les lient pour toujours. Les ministres de la religion, ses représentans et ses délégués pour faire exécuter ses lois, sont donc les seuls qui puissent, en son nom uniquement, lier indissolublement les époux; eux seuls peuvent rendre leur volonté stable par l'expression et la force de la souveraine volonté du Législateur suprême.

CHAPITRE VII.

*De la nature de tout engagement civil.
Erreur et contradiction du Législateur.*

La loi civile toute seule n'a jamais pu former un tel lien; elle ne peut mettre qu'un sceau civil sur le consentement des parties contractantes : or il est de l'essence de tout lien, de tout engagement civil, de pouvoir être détruit par le changement de volonté de ces mêmes parties contractantes. *Nullum tàm arctè contrahitur vinculum quod dissolutioni obnoxium non sit* était un principe général, et sans exception, que la législation romaine faisait planer sur tous les contrats civils au nombre desquels, comme la nôtre, elle mettait le mariage. Ce principe est la première conséquence de cet autre principe de droit et d'équité naturelle : *Nihil tàm naturale est quàm eo genere quidquid dissolvere, quo colligatum est*; ff. de Reg. Jur. lib. 35. La Novelle 140 faisant elle-même l'application de ce principe au contrat de mariage, et rappelant l'ancien droit, dit en termes formels :

*Statuimus, ut prout olim juris fuit, matrimo-
niorum solutiones ex consensu fieri liceat ;*
ajoutant pour motifs : *Si namque mutua affec-
tio matrimonia conficit, meritò diversa voluntas eadem per consensum, dirimit.* De
ces principes découlaient nécessairement, et
comme à pleins bords, le divorce et la répudiation. Les définitions *viri et mulieris con-
junctio, individuam vitæ consuetudinem
continens, consortium omnis vitæ,* que le
législateur romain donnait du lien conjugal,
étaient des définitions vides de sens, ou plutôt
des non-sens. Que devenaient, d'après les principes ci-dessus énoncés, l'*individuam vitæ
consuetudinem continens* et le *consortium
omnis vitæ ?* Inconséquent seulement dans ses
définitions du mariage, le législateur romain
ne l'était pas, d'après ces principes, en ad-
mettant le divorce et la répudiation. Mais de
sa législation on tire cette conséquence nécessaire et palpable, que le mariage n'était à Rome
qu'un concubinage légal, et que dans le fait
uxores ad tempus sumebantur. Il n'entre pas
dans notre plan de dire quelles étaient, d'a-
près cette législation sur le mariage, les mœurs
des Romains, la tranquillité de l'état et le
bonheur des peuples ; qu'il nous suffise de dire

que la même anarchie qui régnait dans la famille régnait sur le Forum; que les hommes en société politique changeaient aussi souvent de souverain qu'en société domestique ils changeaient de femmes; que l'immoralité publique égalait l'immoralité domestique; et le malheur des peuples celui des enfans dont les chefs étaient dans un désordre et un changement perpétuels. Qu'on examine les diverses législations de tous les peuples, partout on trouvera que le divorce et la répudiation sont une suite nécessaire, une conséquence naturelle de ce point de vue où l'on ne considère le mariage que comme un contrat civil, parce qu'il est contraire à la nature des choses, hors de la sphère et du pouvoir de toute loi humaine, de ne pas admettre et d'empêcher le divorce, lorsqu'on dit que le mariage n'est qu'un contrat civil. Voulant être conséquent dans ses résultats, voulant proclamer le divorce légal et le divorce pour causes déterminées, le législateur français sentait bien qu'il ne le pouvait faire qu'en définissant le mariage un contrat qui tient son être, sa force et sa sanction de la loi civile, en un mot un contrat civil. Ce principe établi, tout le reste découlait de source, et bien que législateur immoral, il était du

moins, comme celui de Rome, conséquent
dans les déductions qu'il tirait de ses principes. Se donnant pour le protecteur de tous
les cultes, il s'établissait dans ses lois mêmes
le persécuteur de toutes les religions. A toutes
il portait des coups mortels, et la liberté des
cultes par lui proclamée n'était que la peau
du renard suppléant à celle du lion. Tous les
peuples qui puisent leur croyance religieuse
dans l'ancien et le nouveau Testament, et
plus particulièrement dans l'Evangile, ne re-
connaissent-ils pas tous que le mariage est de
tous les contrats le seul qui soit un contrat
religieux, dans son origine comme dans son
essence? Tous ne le définissent-ils pas « la
» société indissoluble d'un homme et d'une
» femme, instituée de Dieu même, pour pro-
» pager l'espèce, et s'aider mutuellement dans
» le voyage de la vie. »

Pour envisager ce lien sous ce point de vue
moral, ils se fondent sur ce que le souverain
législateur a dit dans la Genèse : « Il n'est pas
» bon que l'homme soit seul, faisons-lui un
» aide, une compagne semblable à lui.....
» Voilà maintenant l'os de mes os et la chair
» de ma chair..... C'est pourquoi l'homme
» abandonnera son père et sa mère, et il s'at-

» tachera à sa femme..... Ils seront deux dans
» une même chair..... Dieu les bénit, et leur
» dit : Croissez , multipliez et peuplez la
» terre. » Genèse, ch. 1, v. 28; ch. 2, v. 18,
21 et 24, et dans S. Matthieu, ch. 9, v. 6.
Dans ce chapitre on lit que les Pharisiens de ce
temps-là ayant demandé au Sauveur du monde
s'il n'était permis de renvoyer sa femme pour
quelque cause que ce fût, en reçurent cette
réponse : N'avez-vous pas lu que Dieu qui a
créé l'homme et la femme a dit : « L'homme
» abandonnera son père et sa mère pour s'at-
» tacher à son épouse , et ils seront tous
» deux dans une seule chair.... Que l'homme
» ne sépare donc point ce que Dieu a uni. »
Mais pourquoi donc, répliquèrent les Pharisiens
d'alors , Moïse a-t-il permis de faire divorce
et de renvoyer sa femme? « Il l'a fait, dit le
» Sauveur, à cause de la dureté de votre cœur;
» mais il n'en a pas été de même dès le com-
» mencement. » On voit dans ce passage que
le Créateur est l'auteur du lien conjugal, que
l'essence de ce lien consiste dans l'unité et
l'indissolubilité qu'il tient de Dieu seul, que
J. C. rappelle le mariage à son institution primitive, que, suivant cette institution divine
et avant la loi de Moïse, il n'y avait point de

permission de faire divorce. On n'en voit en effet aucun exemple sous la loi de nature ; on voit que, parlant en législateur suprême, et au nom de celui qui l'avait envoyé, il défend absolument de séparer ce que Dieu a uni. Nous n'examinerons pas comment nos philosophes législateurs, contempteurs de la Divinité, et tyrans des femmes, ont foulé aux pieds et cette institution divine, et cette défense absolue de divorce. L'instinct moral a repoussé la turpitude du divorce pour causes déterminées, appât corrupteur et virus actif de dissolutions. En abrogeant cette loi de licence, fille dévergondée du sans-culottisme, déjà le législateur, plus sage et plus éclairé, a reconnu que le mariage ne tient pas son essence, sa force et sa sanction de la loi civile ; qu'il n'est pas un contrat civil seulement ; il n'a pu l'abroger qu'en reconnaissant que ce lien tenait sa force d'ailleurs que de la loi humaine. Il en a proclamé l'institution divine ; il a professé hautement que la loi civile était incapable de lui donner le caractère d'indissolubilité qui en forme l'essence. Le législateur a commencé à venger la sainte morale de l'Evangile de l'impudeur philosophique. Ici la suite de nos idées nous semble pouvoir nous permettre une

disgression au sujet de l'art. 25 du Code, qui
porte dans l'un de ses paragraphes : « Le ma-
» riage qu'il (l'époux mort civilement) avait
» contracté précédemment est dissous, quant
» à tous ses effets civils. » Nous avions d'a-
bord cru, lors de l'abrogation du divorce,
que cette abrogation devait naturellement et
nécessairement s'étendre sur ce paragraphe
par les mêmes raisons qui avaient déterminé
le législateur à rapporter la loi de dissolution
pour causes déterminées. Ces motifs sont les
mêmes dans l'un comme dans l'autre cas, et
le principal de ces motifs est l'indissolubilité
que le mariage tient de Dieu seul. Le législateur a voulu mettre en harmonie la loi civile avec la loi religieuse qui régit ses peuples.
Il a voulu faire cesser le danger qu'il y a pour
la morale et la tranquillité publique à mettre
en opposition les préceptes de l'Evangile et les
dispositions du Code. Mais par quelle étrange
contradiction le législateur laisse-t-il à la loi
le pouvoir exorbitant de rompre elle-même
un lien qu'il reconnaît, qu'il proclame indissoluble? Lorsque les époux postulent le divorce,
il leur répond : « Je ne puis vous permettre de
» rompre un lien que Dieu même a formé;
» je ne puis vous délier des sermens où vous

» avez pris la Divinité à témoin de vos en-
» gagemens ; le Ciel les a reçus, il a noué les
» liens qui vous unissent, lui seul peut vous
» en dégager. Mandataire du Très-Haut sur la
» terre pour veiller à la tranquillité, à la con-
» servation et au bien de la société, je ne puis
» défaire des nœuds qu'il a rendus indisso-
» lubles comme base et garantie de la société
» domestique et publique. Il l'a expressément
» défendu. Que *l'homme ne sépare pas*, dit
» le Législateur suprême, ce que DIEU A UNI.
» Pourquoi donc, répondront les époux, donnez-
» vous à votre loi une puissance que vous
» avouez n'avoir pas vous-même ? pourquoi
» votre loi rompt-elle des nœuds que vous
» soutenez être indissolubles, et qu'elle n'a pas
» formés ? pourquoi se met-elle en opposition
» manifeste avec notre conscience et notre re-
» ligion. Convaincue de l'innocence de mon
» époux, elle me fait un crime de le suivre :
» je ne puis désormais vivre avec lui sans
» violer les lois sacrées de la pudeur ; elle ne
» met aucune différence entre moi, épouse
» innocente, épouse infortunée, et l'être vil
» qui se prostitue ; seule consolation d'un
» malheureux, amie constante, épouse fidèle,
» femme humaine, pour tant de vertus votre

» loi me flétrit et me couvre d'opprobres ; et
» si, nouvelle Eponine, je brave tout, hormis
» mes devoirs, votre loi marque du sceau de
» la honte et de l'ignominie les fruits inno-
» cens de ma déplorable fécondité. Fruits
» illégaux d'un légitime mariage, je ne puis,
» sans honte et sans rougir, les avouer et *les*
» *reconnaître pour mes enfans ?*

» Direz-vous que quand on admet un prin-
» cipe il faut en subir toutes les conséquences
» rigoureuses ? je répondrai : Cet adage peut
» être reçu en mathématiques, mais le cœur
» humain, les sentimens de la nature se diri-
» gent-ils par des Equations ; la morale se
» répand-elle , le bonheur se trouve-t-il au
» moyen d'une règle de Proportion ? En un
» mot, quel est mon crime, et pourquoi me
» faites-vous subir les peines les plus fortes et
» les tourmens les plus cruels ? D'où vient
» donc ce raffinement de cruauté ? A quoi
» tend-il ? Votre loi est-elle faite pour unir ou
» pour diviser, pour étouffer les sentimens
» naturels et réligieux, pour corrompre les
» mœurs, ou pour en donner et les affermir,
» pour protéger ou pour persécuter ? Loi de
» la philanthropie ! jusqu'à quand outragera-
» t-elle la nature ? »

CHAPITRE VIII.

Opinions de quelques Ecrivains contraires au but de cet ouvrage.

Nous croyons devoir jeter un coup-d'œil sur les opinions de quelques écrivains qui ont parlé de la matière que nous traitons. On a dit : « Le mariage n'est pas un contrat pure- » ment civil, quoi qu'en disent les juriscon- » sultes. » M. Portalis, de qui sont ces paro- les , a ici parfaitement raison ; il proclame une vérité que nous croyons avoir démontrée jus- qu'à la dernière évidence ; il faut avouer que de tels jurisconsultes ressemblent beaucoup à ceux que l'orateur romain, dans son plaidoyer pour Muréna , persiffla sur le Forum avec tant de grâce , et qu'il dévoua au ridicule et au mépris des honnêtes gens.

M. Portalis continue : « Ce contrat n'est pas » non plus un pur acte religieux ; il a précédé » l'institution de tous les sacremens et l'éta- » blissement de toutes les religions positives, » puisqu'il date d'aussi loin que l'homme. »

Il y a sans doute de la témérité de notre part à nous attaquer à ce grand orateur; nous n'avons pas été gratifié comme lui du *rotundo ore loqui* ; mais cela peut-il nous empêcher de dire que, dans ce que nous venons de citer, *ratio fugit magnum virum. Le mariage n'est pas non plus un pur acte religieux ;* il faut distinguer : il n'est pas tel quant aux qualités et conditions requises, et aux conséquences qu'il a dans la société civile, lorsque celle-ci a fait des lois pour le régler seulement, nous l'accordons : il n'est pas tel dans son essence, dans la seule sanction qui puisse l'atteindre, il n'est pas tel dans l'absence des lois civiles, nous le nions. On peut trouver les preuves de cette distinction dans ce que nous avons dit précédemment : « Le mariage » *a précédé l'institution de tous les sacre-* » *mens.* » C'est une vérité de fait. L'établissement *de toutes les religions positives;* sans doute qu'ici, dans le sens de l'auteur, religion posisive est opposée à religion naturelle, et veut dire religion révélée, ou dont l'auteur est certain, soit : l'orateur reconnaît du moins que ce contrat n'a pas précédé la religion naturelle *qui est aussi une religion positive,* puisque cette religion a été révélée à l'homme, et qu'elle a pour auteur Dieu lui-même ; car l'homme ne s'est pas plus donné cette loi qu'il ne s'est donné la vie à lui-même ; dire qu'elle résulte de la constitution de son être , c'est ne rien dire du tout ; *inania verba. Il date d'aussi loin que l'homme.* Le célèbre orateur se trompe , le mariage ne peut dater que depuis la formation de la femme , postérieure à la création de l'homme et à la religion , qui, toutes deux, naquirent en même temps.

On ne peut pas dire non plus que le mariage ne soit un acte ou contrat religieux que parce qu'on le considère comme un sacrement ; il était religieux avant d'être élevé à cette dignité. Pour l'y élever , J. C. l'a rappelé à son institution et à sa sainteté primitives ; il n'a rien changé à cet acte , il a seulement promis des grâces spéciales à ceux qui apporteraient à cet engagement un cœur sans souillure et des intentions pures et sociales.

Auteur de ce premier lien , Dieu seul en est la sanction ; ici je m'appuierai sur l'autorité même de M. Portalis : « *Tous les peuples ont fait intervenir le Ciel dans ce contrat.* » Nous demandons : Pourquoi ce consentement unanime de tous les peuples , pourquoi cette intervention divine est-elle universelle ? *Consensus omnium populorum est argumentum veritatis.* C'est qu'elle a pour seule et unique

cause la force de la vérité , et cet ascendant
suprême auquel rien ne résiste ; il en est de
cette vérité comme de celle de l'existence de
Dieu ; *cœli enarrant gloriam Dei.* Donc le
mariage est un contrat religieux, et il n'est ni
ne peut être que cela. Pourquoi les peuples
n'ont-ils pas fait intervenir la religion dans le
contrat de vente , dans les donations ?

Nous n'avons jamais pu comprendre ce que
l'orateur a voulu dire par ces mots : *La reli-*
gion se glorifie elle-même d'avoir été donnée
à l'homme. Sans doute que la religion chrétienne se glorifie d'être descendue du séjour de
la vérité et des lumières. *Non pour changer*
l'ordre de la nature. Où donc M. Portalis a-t-il
lu que la religion chrétienne change, dans le
mariage, l'ordre de la nature ? une pareille assertion tendrait à faire soupçonner qu'il ne serait
pas chrétien , et qu'il n'aurait jamais ouvert la
Bible. *Mais pour l'ennoblir et le sanctifier ;*
il est, nous ne voudrions pas dire absurde, il
implique contradiction de dire que la religion,
d'un côté, voudrait changer l'ordre de la nature, et de l'autre, qu'elle l'ennoblit. Mais
si l'orateur a voulu dire qu'elle cherchait à
changer cet ordre pour l'ennoblir et le sanctifier en même temps , nous ne voyons pas quel

tort

tort elle lui ferait. Mais la vérité est qu'elle l'ennoblit et le sanctifie sans le changer.

Après avoir dit *que le mariage est aujourd'hui ce qu'il a toujours été, un acte naturel, nécessaire, institué par le Créateur lui-même*, ce qui sans doute est une excellente définition qui le distingue très-bien du boire, du manger et d'autres fonctions très-naturelles, toutes également instituées ou établies par le Créateur, comme nécessaires pour vivre, l'orateur se fait cette (nous ne voudrions pas dire singulière) question : « Qu'est-ce que le mariage » en lui-même, et indépendamment de toutes » les lois civiles et religieuses ? » A cette question il faut évidemment répondre, avec M. de Bonald, que le mariage, ainsi considéré, n'est plus que la brutale promiscuité ; nous portons le défi d'y voir autre chose.

Il faut cependant dire que M. Portalis rend hommage à la vérité, et reconnaît le principe pour lequel nous combattons. « Le mariage, » dit-il, a toujours fixé la sollicitude des lé- » gislateurs. Mais *les règlemens* de ces lé- » gislateurs *n'ont pu détruire* l'essence ni » l'objet du mariage en protégeant les enga- » gemens que le mariage suppose, et en régu- » larisant les effets qui le suivent. » Par quel singulier privilége le Code a-t-il donc détruit, autant qu'il le pouvait, l'essence du mariage? Comment s'est-il avisé de faire d'un contrat essentiellement religieux, d'un contrat indissoluble, d'un contrat domestique dans son principe, un contrat purement civil et dissoluble? Au lieu de protéger il a étouffé, et sous le banal prétexte de régulariser, il a porté le désordre et la corruption dans un contrat qui, fait selon l'esprit de l'Evangile, a peut-être plus contribué à lui seul à civiliser les hommes que tout le reste. Quelles lois n'ont pas promulguées les empereurs romains, quels moyens n'ont-ils pas essayés, quels efforts n'ont-ils pas faits relativement au mariage? Qu'ont-ils obtenu? rien. Le mariage n'était qu'un contrat civil.... Qu'a obtenu l'Evangile en rappelant cet acte à son institution primitive, et en le sanctifiant? Ce qu'il a obtenu? la civilisation de l'univers, une nouvelle création de l'homme moral.

Il était impossible d'abandonner ce contrat à la licence des passions. Mais le législateur fait-il autre chose en sécularisant le mariage? Chez quel peuple a-t-on vu la loi civile diriger les passions des hommes? On voit bien tous les jours à la cour d'assises et au tribunal de police correctionnelle qu'elle punit le désordre

et la licence des passions, mais on ne la voit
pas prévenir, sans punir ces désordres ni cette
licence. Trop heureux les peuples si les lois
humaines ne leur tendaient pas des appâts de
corruption et de démoralisation! Trop heureux
si, de nos jours, elles n'organisaient pas une
véritable *escroquerie légale* dans les jeux et
la loterie.

M. T. a publié un volume où il veut prouver que le mariage n'est qu'un contrat civil
et ne dépend que du prince. Voici comment
il le prouve, page 2 : « Que deux indi-
» vidus de sexe différent, après avoir contracté
» mariage dans l'état de nature; soient admis
» dans une société, leur union n'en peut souf-
» frir aucune atteinte, parce qu'elle est fondée
» sur le droit naturel qui doit servir de base
» et de règle à toutes les lois sociales : le
» pouvoir du prince ne va pas jusqu'à pouvoir
» rompre le lien par lequel ils s'étaient irrévo-
» cablement unis avant de devenir ses sujets.»

Par état de nature tout le monde entend
aujourd'hui l'état où se trouvent actuellement
les sauvages. Or dans cet état toute femme est
une femme pour tout homme : dans cet état
on ne connaît point les degrés de parenté; la
sœur épouse le frère, le père s'unit à sa fille,

la mère est reçue dans les bras de son fils.
M. T. soutient « qu'il suffira à de tels époux,
» pour entrer dans une société chrétienne, et
» par conséquent civilisés, de remplir cer-
» taines formalités (à la mairie sans doute),
» pour constater leur état et celui de leurs
» enfans, afin de participer aux prérogatives
» qui résultent de l'ordre social. » Nous ne
demanderons pas à M. T. où est, dans ces
sortes d'unions, le pouvoir du prince duquel,
selon lui, ils dépendent uniquement. Nous,
au contraire, nous croyons que le prince ne
pourrait ni reconnaître ni tolérer des mariages
de cette espèce. Voilà le commencement; nous
allons voir si le milieu et la fin répondent à
un si beau début. Page 97, l'auteur dit : « Si,
» dès le sixième siècle, les Papes et les Conci-
» les ont commencé à défendre les mariages à
» des degrés plus éloignés que ceux dans les-
» quels ils étaient défendus par les lois civi-
» les, c'est parce qu'on croyait alors que ces
» mariages étaient expressément défendus par
» la loi du Lévitique. Les Papes et les Conciles
» n'entendaient pas, en défendant ces ma-
» riages, établir de nouveaux empêchemens
» dirimans, mais seulement d'énoncer comme
» illicites des unions contraires à la loi di-
» vine. »

Ce passage nous indique que M. T. a une imagination créatrice ; on dirait que cet écrivain fameux qui broda l'histoire, et inventa l'érudition de ses ouvrages, lui a légué la sienne, Voltaire n'aurait pas mieux fait.

« Les Papes et les Conciles, dit M. T., ont
» défendu les mariages à des degrés plus éloi-
» gnés que ne l'ont fait les lois civiles, parce
» qu'*on croyait alors* que ces mariages étaient
» expressément défendus par la loi du Lévi-
» tique. » Il paraît qu'on était alors, ou que l'on est aujourd'hui d'une ignorance bien épaisse et inconcevable dans les Papes et les Conciles, et peu probable dans M. T. Nous avons lu trois fois le chapitre 18 du Lévitique où sont énumérés et tracés tous les degrés de parenté qui prohibaient le mariage chez les Juifs, et trois fois nous y avons trouvé que Moïse ne le défend tout au plus qu'entre l'oncle et la nièce, tandis que le droit canon le défend jusqu'au 6.ᵉ et même jusqu'au 8.ᵉ degré compté sur le droit civil. Au nombre des empêchemens, le droit canon met le vœu, les ordres sacrés et les affinités religieuses provenant par le baptême, du *parrainage*, affinités que ce droit a établi pour les mêmes motifs qui avaient porté la loi civile à établir, comme empêchemens, les

affinités civiles résultant de l'adoption. Et puisque, selon M. T., l'Eglise a tiré toutes ses prohibitions de mariage du Lévitique, on serait curieux de savoir dans quel chapitre de ce livre elle a puisé les trois espèces d'empêchemens dont nous venons de parler. Après une citation analogue, Voltaire s'écriait un jour : « Ah ! celui qui trouvera ce passage dans » la Bible sera bien fin. »

En tête des premiers élémens du droit civil les professeurs placent ce principe éminemment philosophique et social : Tout ce que la loi défend est censé impossible aux yeux de l'honnête homme; nous présumons qu'un tel principe est enseigné en théologie, et qu'un bon prêtre regarde aussi comme impossible tout ce que défend la loi divine; et puisque les Papes et les Conciles dénoncèrent comme *illicites* (ce qui devait être) les mariages contraires à la loi divine, et qu'aujourd'hui même l'Eglise entière regardé comme fornications les mariages purement civils; on se demande comment il se fait que M. T., prêtre catholique, les regarde, lui, comme bons et valables.

Voyons la conclusion de l'œuvre. Après avoir semé, avec un débordement incroyable d'éru-

dition, la zizanie entre la puissance temporelle et la puissance spirituelle, après avoir,
nouveau géant, entassé des montagnes de so-
phismes pour escalader le ciel et le dépouiller
de son autorité sur le mariage, pour en revêtir
la puissance temporelle qu'il veut bien prendre
sous sa protection et éclairer de ses lumières,
M. T., disons-nous, finit son volume en sou-
tenant, pag. 351 et suivantes, que des chrétiens peuvent s'unir (civilement s'entend) en
tout état de conscience, et user du mariage
selon leur moralité, et attendre tranquillement
que Dieu, pour les mettre en état de recevoir
le sacrement, leur envoie la grâce qui terrassa
saint Paul.

Le moraliste, le publiciste et le théologien
peuvent voir, d'après ces extraits, que le volume de M. T. est du nombre de ceux qu'il
suffit de citer pour qu'on n'ait pas besoin de
le réfuter. L'autorité d'ailleurs en a fait justice (1). Il nous paraît bon toutefois d'opposer

____

(1) On regrette que **M. T.** n'ait pas imité la sublime
humilité de Fénélon, et la soumission de saint Augustin
qui a dit : « Roma locuta est, ergò res definita. »

Nous ne parlons ici que de l'ouvrage de notre adversaire, et non de sa personne ; on dit que c'est un
vieillard infiniment respectable.

à M. T., prêtre catholique, une dame protestante. Mme Neker a dit, avec un tact admirable et une vérité bien sentie : « Avant
» de blâmer les Pères de l'Eglise (il faut dire
» J. C.) qui ont élevé le mariage au rang des
» sacremens, il fallait connaître le principe
» et les motifs de cette décision. Un peu de
» réflexion nous persuadera que rien n'était
» plus conforme à l'indication, aux lois et aux
» droits de la nature : car faire du mariage
» un contrat simplement civil, c'est prendre
» pour base de cette institution la circonstance
» la moins importante. En effet, la fortune,
» l'état, toutes les convenances du ressort
» civil sont de simples accessoires dans un en-
» gagement destiné à l'association des cœurs,
» des sentimens, des réputations et des vies ;
» et puisque toutes les grandes affections ont
» été constamment jointes à des idées reli-
» gieuses, puisque dans la société, des sermens
» ciment tous les engagemens que la loi ne
» peut surveiller, pourquoi excepter le ma-
» riage de cette règle générale, le mariage
» dont la parfaite pureté ne saurait avoir de
» juge et de témoin que Dieu et notre propre
» conscience ? »

» L'exclusion de la polygamie et du divorce,

» dit Hume, fait suffisamment connaître l'uti-
» lité des maximes de l'Europe par rapport
» aux mariages. » Nous demandons ici d'où
l'Europe a tiré ces maximes utiles, si ce n'est
de l'Evangile ? Citons encore un philosophe
protestant, l'auteur des Lettres sur l'histoire
de la terre et de l'homme (1), tome 1.er

« J'ai frémi toutes les fois que j'ai entendu
» discuter philosophiquement l'article du ma-
» riage. Que de manières de voir, que de sys-
» tèmes, que de passions en jeu ! On nous dit
» que c'est à la législation civile à y pourvoir;
» mais cette législation n'est-elle pas entre
» les mains des hommes dont les idées, les
» vues, les principes changent ou se croisent?
» Voyez les accessoires des mariages qui sont
» laissés à la législation civile ; étudiez chez
» les différentes nations et dans les différens
» siècles, les variations, les bizarreries, les
» abus qui s'y sont introduits ; vous sentirez
» à quoi tiendraient le repos des familles et
» celui de la société, si les législateurs hu-
» mains en étaient les maîtres absolus.

» Il est donc fort heureux que, sur ce point
» essentiel, nous ayons une loi divine supé-

____

(1) M. de Luc, citoyen de Genève.

» rieure au pouvoir des hommes. Si elle est
» bonne, gardons-nous de la mettre en dan-
» ger en lui donnant une autre sanction que
» celle de la religion. Mais il est un nombre
» de *raisonneurs* qui prétendent qu'elle est
» détestable ; soit. Il en est pour le moins un
» aussi grand nombre qui soutiennent qu'elle
» est très-sage , et auxquels on ne fera pas
» changer d'avis. Voilà donc la confirmation
» de ce que j'avance , savoir que la société se
» diviserait sur ce point selon la préponde-
» rance des avis en divers lieux. Cette prépon-
» dérance changerait par toutes les raisons
» qui rendent variable la législation civile ; et
» ce grand objet qui exige l'uniformité et la
» constance pour le repos et le bonheur de la
» société , serait le sujet continuel des dispu-
» tes les plus vives.

   » La religion a donc rendu le plus grand
» service au genre humain en portant sur le ma-
» riage une loi sous laquelle la bizarrerie des
» hommes est forcée de plier ; et ce n'est pas
» là le seul avantage que l'on retire d'un code
» fondamental de morale auquel il ne leur est
» pas permis de toucher. »

Voilà ce que la saine raison et la bonne
philosophie ont dicté à des ames pures et
vertueuses.

M. T. pense autrement, ou plutôt il prétend prouver que la religion n'a rendu aucun service au genre humain en portant sur le mariage une loi sous laquelle la bizarrerie des hommes est forcée de plier; il prétend prouver que ce grand objet qui exige l'uniformité et la constance pour le repos et le bonheur de la société, est un contrat civil, ni plus ni moins que l'est un contrat de louage, et qu'il doit par conséquent changer par toutes les raisons qui rendent variable la législation civile, c'est-à-dire selon que l'exigeront les passions et les caprices du législateur de l'autorité duquel ce contrat dépend uniquement; telles en dépendent les lois qui règlent les testamens et les donations entre vifs. Ainsi une législature proclame le divorce, une seconde le défend : où seront les raisons qui pourraient empêcher une troisième session de le décréter? Et alors on désirerait savoir comment s'y prendrait M. l'abbé pour combattre une loi qui, selon lui, « loi révolutionnaire n'outrage pas » moins la loi évangélique que la morale pu- » blique. » Ici on voit que M. T. est forcé de se retrancher derrière l'Evangile, comme il l'a fait pour prouver, page 374 et suivantes, que le sénat, selon lui, n'avait pas le droit ni le pouvoir de casser le mariage civil de Napoléon et de Joséphine, parce que, dit-il, « le divorce » est textuellement défendu par la loi évangé-» lique, à laquelle aucune autorité humaine » ne peut déroger. » Ainsi toujours l'Evangile. Hors de là il n'y a que vague et verbiage. Nous ne ferons pas remarquer la contradiction complète qu'il y a entre ces vérités et les assertions de cet écrivain qui, dans tout son ouvrage, prétend établir que le mariage et tout ce qu'y s'y rapporte ne dépend que du prince. Mais comment M. T. n'a-t-il pas vu que cette *loi révolutionnaire* n'était que la conséquence immédiate de cette autre loi plus révolutionnaire encore, de cette loi qui n'envisage le mariage que comme un contrat purement civil; il vous répondra, avec son livre, que c'est là son opinion. Mais quoi de plus immoral que le principe qui dit aux époux : « Vous n'aurez désormais dans le mariage » d'autre règle de conduite que la loi civile? » Là seulement vous trouverez la sanction de » tous vos devoirs d'époux, et de père, et de » mère. Si vous ne savez pas lire, l'officier » civil vous lira le chapitre VI.ᵉ du Code; la » loi 212 dit : Epoux, vous vous devez mu» tuellement fidélité, secours et assistance;

» mari, vous devez protection à votre femme ;
» et vous , femme, vous devez obéissance à
» votre mari ; vous êtes de plus obligée d'ha-
» biter avec lui, et de le suivre partout où il
» voudra aller : tenez-le tous deux pour en-
» tendu, sinon voilà des gendarmes et des
» recors. » Quoi de plus immoral que ce principe : « le maire fait seul le mariage, lui seul
» peut unir les époux, » lui qui n'a nulle puissance sur les cœurs ni sur les esprits ? Enfin,
qu'est-ce qui outrage plus la loi évangélique
qui, rappelant l'union conjugale à sa stabilité
première, a dit : *Que l'homme ne sépare
point ce que Dieu a uni ;* qu'est-ce qui l'outrage plus, demandons-nous, que cette loi d'un
législateur qui semble dire « Femme, quand,
» fatiguée de marcher dans la voie du devoir
» et de l'honneur, tu voudras abandonner tes
» enfans et divorcer avec ton époux, tu pourras
» fouler aux pieds le serment civil que tu lui
» as fait de lui être fidèle devant mon officier ;
» si tu t'abandonnes à tes passions, si tu donnes
» scandale, ton époux demandera alors à rom-
» pre les liens civils qui l'attachent à toi ; dans
» ma loi je me suis proclamé maître absolu
» du lien conjugal, ne reconnaissant à cet
» égard nulle autre autorité que la mienne ;

» j'ai, dans ma toute-puissance, décidé que
» ce lien serait un lien purement civil, et ne
» relevant que de moi ; et comme, de votre
» côté, vous ne remplissez pas les clauses de
» ce contrat, j'autorise votre époux qui est en
» souffrance par votre méfait à me demander
» de casser et d'anéantir le pacte qui est entre
» vous deux, et de rompre les liens qui vous
» unissent, j'en ai seul le pouvoir ; moi seul
» je puis défaire ce que j'ai fait. *Ejus est sol-*
» *vere cujus est ligare.* »

Législateurs, princes chrétiens, ne vous arrogez pas un pouvoir qui ne vous appartient point ; ennemi d'autant plus caché et redoutable parce qu'il est dans vos propres mains, ce pouvoir usurpé est le plus dangereux ennemi de votre puissance légitime. Apprenez aux peuples, par votre exemple, à rendre à Dieu ce qui est à Dieu, et Dieu leur inspirera de rendre à César ce qui est à César.

Après avoir reconnu, dans le commencement de son ouvrage, que Dieu même a institué ce contrat dans le paradis terrestre, et s'est porté seul législateur de cette société, type de toute société ; après avoir reconnu que l'essence de cette union consiste dans l'unité et l'indissolubilité ; que J. C., interrogé par les Juifs sur l'instabilité de ce contrat, l'avait rappelé à son institution primitive en disant : *Dans le commencement il n'en fut pas ainsi : que l'homme ne sépare point ce que Dieu a uni ;* que par là le divin Auteur de la législation chrétienne avait assuré que Dieu seul pouvait mettre le sceau nécessairement infragible sur le consentement libre des époux ; que par ces paroles le Fils du Très-Haut avait proclamé que, dans la société chrétienne, le mariage était un contrat divin dans son origine comme dans son essence ; qu'il ne tirait son unique sanction que de Dieu, témoin et seul garant du serment ou de la foi que se donnent les époux ; après avoir reconnu, disons-nous, que Dieu seul « avait imprimé à » ce contrat ce double caractère inaltérable » d'unité et d'indissolubilité qui le met hors » de l'atteinte des institutions humaines, les- » quelles sont *toutes* subordonnées aux insti- » tutions divines, » on est bien étonné d'entendre M. T. soutenir que le mariage est devenu un contrat purement civil ; qu'il n'est et ne doit être qu'un contrat de cette nature, sur lequel l'Eglise n'a rien à voir, et cela parce que le législateur temporel a cru devoir exiger quelques conditions pour que les citoyens pussent le faire, et parce qu'il avait cru devoir aussi établir quelques formalités pour en faire constater l'existence.

Ici admirons l'esprit de la philosophie moderne, qui est de substituer la souveraineté du peuple à celle de Dieu ; qui cherche à mettre le droit humain à la place du droit divin ; qui veut que la morale philosophique remplace la morale de l'Evangile, et que la philanthropie tienne lieu de la charité chrétienne ; esprit qui, sur la matière que nous traitons, se montre de mauvaise foi, et auquel M. T. ne semble pas étranger. Lorsque cet esprit trouve dans l'histoire quelques traits de résistance de la part du clergé aux volontés injustes des souverains, il ne manque pas de l'accuser de révolte et de sédition ; et si, d'un autre côté, ce même clergé exhorte les peuples à la soumission, ce même esprit le signale aussitôt comme de connivence avec les rois pour réduire les peuples en esclavage. Enflammés de cet esprit, les philosophistes ont reproché à la religion d'avoir tenté de s'emparer, à l'aide de la conscience et des sacremens, de presque tous les contrats de la vie civile ; ils ont parlé de l'ambition du clergé, de la domination inique des papes sur le temporel des états, de la juridiction séculière envahie par les pontifes,

enfin

enfin de la guerre du sacerdoce contre l'empire. Mais dans cet entassement d'accusations, ils n'ont pas manqué, selon leur coutume, de conclure du particulier au général, et d'oublier surtout les temps et les circonstances; et parce que quelques ecclésiastiques, quelques évêques, quelques papes mêmes ont payé tribut à l'humaine faiblesse, et sont quelquefois sortis des justes bornes de l'esprit de leur état, les philosophistes n'ont pas manqué encore de faire peser leurs accusations sur l'universalité du sacerdoce, et de lancer l'anathème de proscription sur l'autorité religieuse de tous les temps et de tous les lieux.

Pour apprécier ces plaintes et ces accusations à leur juste valeur, reportons-nous un instant sur le passé. Que voyons-nous? L'Europe plongée dans le chaos de l'anarchie du gouvernement féodal, et couverte des épaisses ténèbres d'une profonde ignorance; du monstrueux mélange de la corruption romaine avec la barbarie des peuples qui avaient inondé l'empire nous voyons naître la férocité et la débauche, l'anarchie et la misère, qui, tel qu'un vaste réseau, la couvrant du couchant à l'aurore, de l'ours à la balance, pesaient sur tous les états, et dévoraient la société

publique, comme elles dévoraient la société
domestique ; nous trouvons que les lois étaient
muettes, la justice impuissante, et que la violence était tout ; et dans cet état de choses ,
nous trouvons encore que les juges séculiers,
joignant la brutalité à la superstition, étaient
ignorans jusqu'à ne savoir pas lire ; que les
tribunaux ne connaissaient d'autres lois que
celles qui donnent bon droit et bonne raison
au plus fort , et sacrifiaient ainsi l'innocence
timide au crime audacieux ; d'autre jurispru-
prudence que le renvoi des justiciables pardevant le Tribunal du Ciel, avec injonction au
Très-Haut de manifester par des prodiges le
bon droit et l'injustice , l'innocent et le coupable ; et que, pour appeler d'un jugement à
un tribunal supérieur , il fallait, au préalable,
se battre contre le juge en première instance
et recommencer des enquêtes que le crédit
d'un puissant adversaire ne permettait jamais
de terminer.

D'un autre côté, nous trouvons des juges
éclairés pour ces temps-là , des juges, qui,
instruits à l'école de l'Evangile, rendaient des
sentences que leur dictaient le bon sens et
l'esprit de charité dont ils s'étaient nourris
dans la méditation des saintes Ecritures , et

par une pente naturelle, les peuples cher-
chaient et choisissaient des juges dans les
hommes de qui seuls ils pouvaient attendre
bonne justice. En comparant ainsi les choses,
nous voyons ce qu'on verra toujours, la prééminence de la juridiction religieuse sur celle
des séculiers, naître de l'ascendant nécessaire
de la science sur l'ignorance, et de celui de
la civilisation sur la barbarie.

Si nous examinons maintenant le passé, relativement au mariage, nous trouverons encore que les saintes lois qui régissent l'union
conjugale, bases du bonheur public, quand
elles sont observées sur le trône et sur ses
marches, et sources de félicité domestique,
quand elles sont sacrées aux yeux de l'homme
privé; nous trouverons, disons-nous, que ces
lois conservatrices de la société générale et
particulière étaient méconnues et foulées aux
pieds par le plus grand nombre des rois de
la première race et par quelques-uns de leurs
successeurs : de là le sang inondant les marches du trône et l'anarchie dans l'état, et si
les princes indomptés du moyen âge n'avaient
été réprimés par une puissance en dehors et
indépendante de la leur, on aurait bientôt
revu les mœurs païennes, et le Coran serait

devenu le code des rois et de leurs sujets,
quant au mariage. Les règnes des rois francs,
Gontran, Caribert, Sigebert, Chilperic, Da-
gobert, etc., de Henri VIII, roi d'Angleterre,
ne nous en offrent-ils pas l'affreux spectacle?
La répudiation d'Eléonore de Guienne n'en-
fanta-t-elle pas une guerre sanglante de quatre
siècles et d'effroyables et d'incalculables malheurs pour la France : et, sous ce rapport,
ces grands déclamateurs auraient dû songer
que les mariages des rois sont autre chose que
des actes de famille ; ils auraient dû reconnaître, avec Voltaire lui-même (1), que « les
» mariages des princes font dans l'Europe le
» destin des peuples ; et que jamais il n'y a
» eu de cour entièrement livrée à la débauche,
» sans qu'il y ait eu des révolutions, ou même
» des séditions. »

Ecrivains, qui cherchez les causes de la révolution, lisez l'histoire des amours adultères
de Louis XIV et de Louis XV, et remuez, si
vous pouvez, les boues de la régence..... Le
trône était tombé dans l'avilissement, les citoyens n'y portaient plus que des regards de
mépris. Le sel de la terre s'était affadi, la so-

____

(1) Essai sur l'Histoire gén., t. 3., ch. 101.

ciété était pourrie , un nouveau déluge était
nécessaire ; le Très-Haut ouvre les cataractes
des passions humaines , l'esprit de désorgani-
sation s'empare de toutes les têtes.... Tout
s'entre-choque , tout disparaît..... de son sein
orageux l'affreuse tempête vomit d'immenses
ruines qu'entraînent des torrens de sang.....
Pour purifier la terre et rendre à l'autel et au
trône leur splendeur et le respect des peuples
l'Eternel prend les victimes expiatoires sur les
marches du trône et de l'autel ; que dis-je? il
les prend sur le trône même..... O Louis XVI !
O Pie VI ! hommes justes, hommes de bien !
Le murmure de la justice céleste n'a voulu
être apaisé que par le sacrifice de votre vie.
Et nunc intelligite qui judicatis terram!!

Qui a préservé , autant qu'il était en eux,
l'Europe de ces funestes déchiremens ? les
Papes. Eux seuls ont lutté et pouvaient seuls
lutter avec avantage et sans relâche pour maintenir sur les trônes la pureté et l'indissolubilité du mariage , sans lesquelles il n'y a pas
de société possible. Et certes , quelle autre
puissance pouvait les faire respecter , les maintenir et les faire exécuter sur les trônes SURTOUT?
Tout pouvoir sujet en est incapable. Entre mille
exemples , citons le mariage doublement adul-

tère de Philippe Ier avec la femme du comte d'Anjou ; l'archevêque de Rouen, l'évêque de Bayeux et celui de Senlis n'eurent-ils pas la lâcheté de bénir cette étrange union ?

Quand un roi veut le crime, il est trop obéi.

Et si sur les trônes ces saintes lois sont si favorables au bonheur des peuples, que ne sont-elles pas à celui de l'homme privé, au sein de la famille domestique ?

Il faut donc reconnaître que pour avoir maintenu avec vigueur les lois évangéliques sur le mariage, les souverains pontifes devraient être placés, ou plutôt se sont placés à la tête des bienfaiteurs du genre humain. Nous avons démontré la nécessité de cette vigueur ; et si l'on en doutait encore, Voltaire nous l'affirmerait lui-même, lui qui n'a pu s'empêcher de la reconnaître et de dire (1) : « Il résulte » de l'histoire de ces temps-là que la société » avait peu de règles certaines chez les nations » occidentales, que les états avaient peu de » lois, et que l'Eglise voulait leur en donner ; » c'est ce qu'elle a fait, et l'Europe a été sauvée : la civilisation est née de cette fermeté, et a

----

(1) Essai sur l'Hist. gén., tom. I, c. 3o.

grandi sous son égide tutélaire. Doutera-t-on
encore de la vérité de cette dernière assertion ?
citons celle d'un écrivain étranger , philosophe , historien et publiciste , d'un ordre
très-distingué , Ancillon , dont le témoignage
ne saurait être suspect (1) : « Dans le moyen
» âge, dit-il, où il n'y avait point d'ordre social,
» elle (la puissance pontificale) , elle seule
» sauva peut-être l'Europe d'une entière bar-
» barie ; elle créa des rapports entre les na-
» tions les plus éloignées ; elle fut un centre
» commun , un point de ralliement pour les
» états isolés... Ce fut un tribunal élevé au milieu
» de l'anarchie universelle , et dont les arrêts
» furent quelquefois aussi respectables que
» respectés : elle prévint et arrêta le despo-
» tisme des empereurs , remplaça le défaut
» d'équilibre et diminua les inconvéniens du
» régime féodal. »

Nous avons dit ci-dessus que la vigilance et
la vigueur qu'avaient mises les souverains pontifes à conserver et à faire exécuter les lois
évangéliques sur le mariage , avaient sauvé
l'Europe de la barbarie en conservant les mœurs

------

(1) Tableau des révolutions. Introduction , tom. I,
pag. 133 et 157.

des rois et des peuples. Jetons un coup-d'œil
sur les états que l'orgueil ou la perversité ont
séparés de Rome, et ceci nous servira à répondre à une objection qui nous a été faite,
la voici :

Tout ce que vous demandez se trouve dans
le midi de l'Europe, et pour cela les mœurs y
sont-elles meilleures ? Nous répondrons : Elles
y sont moins mauvaises que dans les états
du nord ; et cette différence résulte de l'importante distinction qu'il faut faire entre la faiblesse de la nature humaine ou de l'homme et
la faiblesse de la loi. Les mœurs, la société
ont toujours fui devant ces deux faiblesses réunies : si le peuple subsiste encore, ce n'est
plus qu'un peuple d'animaux, l'homme moral
a disparu. Que reste-t-il ?

La licence dans les mœurs de l'homme
naquit sans doute en Italie des progrès des
arts, suite nécessaire des progrès du commerce
favorisé par des princes qu'il avait enrichis et
élevés ; mais la licence dans les règles mêmes
des mœurs, c'est-à-dire dans les lois, com-
mença au Nord avec les opinions de Luther,
appuyées par des princes tout à la fois avides
de nouveautés et de richesses. Les désordres
en Italie sont personnels et cherchent l'ombre

du mystère , ils craignent la sévérité de la règle ; en Allemagne , ils sont publics et autorisés par la loi ; et tandis que l'Italien ourdit une intrigue pour séduire la femme de son voisin , l'Allemand la lui enlève en vertu d'une sentence du juge et l'épouse pardevant notaire. S'il faut en croire même les plus zélés disciples de Luther , la dissolution des mœurs, suite inséparable et infaillible de pareilles lois, fut, après leur promulgation, bientôt au comble en Allemagne et comparable à la licence du mahométisme. Interrogé sur la question de savoir si l'on pouvait avoir plusieurs femmes, Luther écrivit dans son Commentaire sur la Genèse, publié en 1525 « que l'autorité des » patriarches nous laisse libres ; que la chose » n'est ni permise ni défendue ; et que pour lui » il ne décide rien (1). » C'est ainsi qu'à Babylone répondirent les mages consultés sur la question de savoir s'il était permis d'épouser sa sœur. Bientôt le réformateur ou plutôt le *déformateur* allemand permit la polygamie au landgrave de Hesse , mais cependant secrètement et sous le sceau de la confession , *sub*

---

(1) Belerm., tom. III , in-folio.

sigillo confessionis (1). Ainsi la licence crain-
tive, produite dans le Midi par les progrès des
arts et du commerce, en pénétrant à leur suite
dans le Nord, s'est réunie à la licence effrénée
produite par la faiblesse des lois qu'a promulguées la SAINTE *réforme*. Aussi Berne, Berlin,
Londres et autres états du Nord nous offrent-ils
aujourd'hui la corruption profonde de Babylone et de Rome sous ses empereurs. Le major
Weiss, sénateur de Berne, après avoir dit
que les deux nations les plus MALES de l'Europe, l'anglaise et la prussienne sont celles où
les faiblesses de l'amour sont traitées avec le
plus d'indulgence, nous dit, en parlant de ses
compatriotes : « Je ne connais pas de pays en
» Europe où le gros du peuple soit moins
» continent que dans le canton de Berne. » L'écrivain cite des traits d'hospitalité qui rappellent
exactement les *us* et les coutumes des Lapons
envers leurs hôtes ou ceux des habitans de la
mer du Sud (2). On sait de quelle manière se
font les mariages dans ce canton ; le système
de M. l'abbé T. y est mis en pratique : il nous
dira qu'il en est bien fâché, mais à quoi donc

______

(1) Hist. des variat.
(2) Principes philosop.

tend tout son libelle? Ignore-t-il que les institutions doivent être fortes ; que la règle doit
être suivie et la loi exécutée ; que l'homme
remplit rarement ses devoirs sans se faire violence, et que le ciel ne s'obtient que par la
violence même.

Tous les vrais sages ont reconnu que l'homme
a souvent besoin de descendre en lui-même,
d'examiner et de connaître l'état de son ame
et de sa conscience. Ecrite en lettres d'or sur le
frontispice du temple de Delphes, les plus
grands philosophes regardaient cette sentence :
Homme, connais-toi toi-même, c'est-à-dire,
Dieu te vois, comme le résumé de toute la
morale ; celui qui venait consulter le Dieu,
s'écriait après l'avoir lue : EῚ, c'est-à-dire *tu es*.
Paroles, dit Plutarque, pleines d'admiration
et d'adoration envers Dieu, comme étant seul
éternel et toujours subsistant en lui-même ;
l'autre, dit le même philosophe, est un avertissement et comme un rappel à l'homme mor-
tel, de la faiblesse et de la fragilité de sa
nature. Et à quelle époque de la vie l'homme a-t-il
le plus besoin de cet avertissement, si ce n'est
à celle du mariage? Par le mariage l'homme
commence une nouvelle carrière ; son état, sa
position sociale, tout change. D'être isolé, il

devient la source de plusieurs êtres et le centre de leurs affections ; il devient le chef d'une société qu'il doit former à l'amour de la vertu, et qu'il doit habituer à marcher dans la voie du devoir ; il naît à une nouvelle existence : pour y entrer, son ame doit être pure, et il ne peut recevoir que du ministre des autels les leçons qu'il doit suivre, les préceptes qu'il doit observer ; lui seul peut lui intimer, au nom du Ciel, les obligations qu'il doit garder, et lui tracer la conduite qu'il doit tenir pour s'acquitter des devoirs attachés à sa nouvelle dignité.

Quand, animée du désir sincère de découvrir ce qui peut rendre l'homme bon et heureux, notre faible raison médite avec modestie sur ces antiques institutions si bien conservées et si bien vivifiées par l'Evangile, elle ne tarde pas à en découvrir les motifs pleins d'une profonde sagesse.

Veut-on en voir l'effet salutaire, à l'époque du mariage, sur une ame long-temps alléchée par les amorces de la plus séduisante passion, et long-temps écartée de la voie du devoir, écoutons Rousseau ; cet auteur (1), qui a pris

____

(1) J. J. Rousseau. Julie.

la nature sur le fait et l'a copiée, ne saurait
être suspect à nos adversaires.

— « Arrivée à l'église, je sentis en entrant une
» sorte d'émotion que je n'avais jamais éprou-
» vée. Je ne sais quelle sainte terreur vint saisir
» mon ame dans ce lieu simple et auguste, tout
» rempli de la majesté de celui qu'on y sert....

    » Le jour sombre de l'édifice, le profond
» silence des spectateurs, leur maintien mo-
» deste et recueilli, le cortége de tous mes
» parens, l'imposant aspect de mon vénéré
» père, tout donnait à ce qui allait se passer
» un air de solennité qui m'excitait à l'atten-
» tion et au respect, et qui m'eût fait frémir
» à la seule idée d'un parjure. Je crus voir
» l'organe de la Providence et entendre la voix
» de Dieu même dans le ministre prononçant
» gravement la sainte liturgie. La pureté, la
» dignité, la sainteté du mariage si vivement
» exposées dans les paroles de l'Ecriture, ses
» chastes et sublimes devoirs si importans au
» bonheur, à l'ordre, à la paix, à la durée
» du genre humain ; si doux à remplir pour
» eux-mêmes, tout cela me fit une telle im-
» pression que je crus sentir intérieurement
» une révolution subite.

    » Une puissance inconnue sembla corriger

» tout à coup le désorde de mes affections et
» les rétablir selon la loi du devoir et de la
» nature. L'œil éternel qui voit tout, disais-je
» en moi-même, lit maintenant au fond de
» mon cœur, il compare ma volonté cachée
» à la réponse de ma bouche. Le ciel et la
» terre sont témoins de l'engagement sacré
» que je prends... Ils le seront encore de ma
» fidélité à l'observer... Quel droit peut res-
» pecter parmi les hommes quiconque ose
» violer le premier de tous ? »

Voyons maintenant si, à cet égard, la manière de penser du théologien est bien différente de celle du philosophe ; on reconnaîtra
sans peine que le fond des idées est le même ;
on trouvera seulement que le théologien donne
aux mêmes motifs plus de force et de sanction. M. B., membre de cette école célèbre
qui forma Fénélon, homme nourri de la méditation des saintes Ecritures, homme d'une
expérience consommée, et dont les cheveux
ont blanchi dans les travaux du saint ministère, nous décrit ainsi les changemens pro-
duits par la religion à cette grande époque de
la vie, sur ceux qui ont oublié leurs devoirs
religieux et qui ont besoin de faire un retour
sur eux-mêmes.

« Le mariage est une époque où la grâce
» opère dans les ames une crise qui les ébranle
» par des secousses fortes, quand elle ne les
» sauve pas par une conversion véritable. Forcé
» par le concours des lois divines et humaines,
» et par les plus pressans intérêts de la famille,
» de s'approcher des sacremens, un chrétien
» sent le besoin de débrouiller le chaos de sa
» conscience, à la vue de ces mystères terribles
» que l'église a placés à l'entrée du mariage ;
» cette ame en qui la foi n'est pas éteinte, est
» saisie d'une religieuse frayeur. Elle n'ose
» franchir, par des sacriléges, ces barrières
» redoutables. Mentir au Saint-Esprit dans le
» tribunal de la pénitence, fouler aux pieds
» le corps de Jésus-Christ à la table sacrée,
» braver la majesté de Dieu présente aux saints
» autels, pour y sceller de son sang les pro-
» messes qu'elle y va faire ! ! Elle a peur d'en-
» courir, dès l'entrée de la carrière, la ma-
» lédiction divine qui la poursuivra dans tout
» le cours de sa vie. A une telle vue, ce chré-
» tien se recueille en lui-même, il éprouve
» le besoin de se pencher vers un cœur pour
» y déposer ses secrets et les peines du sien.
» Et si le ministre, à qui il se confie, est
» dirigé lui-même par un esprit de sagesse,

» celui-ci, après lui avoir fait comprendre
» que Dieu est un bon père, qu'il pardonne tou-
» jours au sincère repentir, après avoir éclairé
» son esprit par l'admirable lumière de
» l'Evangile, après avoir ramené dans son
» cœur les sentimens honnêtes et religieux
» que la nature et la première instruction de
» son enfance y avaient mis, et que le vice y
» a affaiblis et peut-être effacés; ce ministre,
» disons-nous, ramènera au bien ce chrétien
» faible, mais actuellement bien disposé, et
» l'y confirmera pour toujours, à présent qu'il
» va trouver dans son nouvel état un remède
» aux plus violentes passions de son cœur. »

C'est ainsi que l'homme de Dieu, profitant de cette grande époque, ramène au bercail la brebis égarée; c'est ainsi que la religion assainit pour la société ceux de ses membres qui ne pouvaient que lui être préjudiciables par l'igno-rance ou l'oubli de leurs nouveaux devoirs et de leur nouvelle dignité ; c'est ainsi qu'elle enfante à la patrie de bons et vertueux citoyens. La mairie en fait-elle autant? Quand on y entre vicieux, en sort-on corrigé, en sort-on meilleur? Quelle impression fait sur les esprits, sur les cœurs, l'ignare maire d'un village, lisant aux époux, avec un insupportable anonnement, le

chapitre

chapitre VI, titre V, du I.er livre du Code? O sagesse humaine quel est ton empire sur le cœur de l'homme! Serais-tu autre chose que l'impuissance même? Ne serais-tu pas la folie? A l'aspect de la sagesse divine, ne dois-tu pas disparaître honteuse?

———

NOTES.

(3) Nous n'entendons parler ici que de la formation du lien; il en était autrement quant aux difficultés qui naissaient de l'application des empêchemens de consanguinité et autres tracés au chapitre **XVIII** du Lévitique où sont contenus tous les devoirs et les droits du sacerdoce. La solution de ces difficultés et tout ce qui concernait l'observation de la loi, relativement à la légitimité ou validité du mariage, apppartenait aux prêtres et aux lévites. C'est ce qui est prouvé par les passages suivans :

« Si quelque jugement te semble difficile et ambigu » entre le *sang* et le *sang*.... et si tu remarques que » les juges.... varient, lève-toi et monte vers le lieu » que le Seigneur ton Dieu aura choisi. *Va vers les* » *prêtres de la race lévitique.....* *ils t'indiqueront la* » *vérité du jugement.....* Si quelqu'un s'enorgueillit, ne » voulant pas obéir au commandement du prêtre..... et » au décret du juge, cet homme mourra. » (Deutér. c. **XVII**, v. 8–12.) Ce dernier verset prouve que le prêtre résolvait la difficulté, interprétait la loi, prononçait la sentence ou ordonnance sur les matières religieuses, sur le mariage, entre le *sang* et *sang*, et que l'autorité civile la faisait exécuter.

Josaphat établit aussi à Jérusalem des lévites, des prêtres, et des princes des familles d'Israël pour juger le jugement (interpréter la loi) et la cause du Seigneur.... il leur ordonna, en disant : Jugez fidèlement

» et dans la crainte du Seigneur.... toute cause qui
» viendra à vous de vos frères entre la *parenté* et la
» *parenté*. Partout où il sera question de la loi, des
» préceptes, des cérémonies et des observances, mon-
» trez-leur... Amarias, prêtre et votre pontife, prési-
» dera en tout ce qui a rapport à Dieu, et Zabadias,
» fils d'Ismaël, qui est chef de la maison de Juda, sera
» à la tête des œuvres qui sont du ressort du roi. »
(Paralip. lib. 2, c. XIX, v. 8-11.)

Flav. Josephe assure que Moïse donna aux prêtres
l'inspection et la surveillance sur toutes choses : *Sa-*
cerdotes inspectores omnium.... constituti sunt à Moïse.
(Advers. Appian. lib. 2.)

Ainsi, dans cette démarcation de l'autorité sacerdo-
tale et de l'autorité civile, on voit que tout ce qui a
rapport à la validité ou légitimité du mariage appartenait au sacerdoce. Le mariage, chez les Hébreux,
n'était donc pas en tous ses points un simple contrat
civil, et uniquement gouverné par la loi civile.

(4) Leur union ne pourrait y produire aucun effet
civil ; c'est ce qui arrivait chez tous les peuples de la
Grèce, et chez les Romains où tout, jusqu'à la religion,
était réglé par les lois civiles. A Athènes, l'étranger
qui était convaincu d'avoir épousé une citoyenne était
vendu comme esclave, ses biens étaient confisqués ; il
en était de même de l'étrangère devenue l'épouse d'un
Athénien ; celui-ci était condamné de son côté à payer
une amende de 1000 drachmes.

Les noces, seules légales chez les Romains, ne pouvaient
se contracter que de l'une des trois manières suivantes :
par la confarréation, l'achat et l'usucapion. La confarréation, imaginée par Romulus, était une institution tout à
la fois civile et religieuse ; les prêtres seuls pouvaient

unir les époux par ce rite. La coëmption se faisait par la mancipation. Or la mancipation, ainsi que l'usucapion, étant des manières d'acquérir du droit civil, étaient, par cela même, interdites aux étrangers, comme l'était le rite de la confarréation.

L'union appelée *matrimonium*, qui pouvait avoir lieu entre personnes libres, ne produisait aucun des effets des noces, il suffisait que l'un des époux fût étranger pour que les enfans le fussent aussi ; leur condition différait peu de celle des esclaves (1).

Autrefois, en France, les étrangers ne pouvaient, sans y être autorisés par le roi, épouser des Français (2) ; et cependant le mariage n'y était pas encore regardé comme un contrat purement civil. On alléguera peut-être l'article 12 du Code. Mais quelle est la force de cet article lorsque la femme étrangère, appartenant à une nation qui ne reconnaît pas la maxime, que la femme suit la condition de son mari, et qu'elle cesse d'être des nationaux, épouse un Français ?

N'importe, nous dira-t-on encore, les étrangers, soit entr'eux, soit avec des Français, se marient fort bien en France, quoique nous n'y regardions le mariage que comme un acte purement civil.

Il importe beaucoup au contraire : que résulte-t-il de ce système basé sur les contradictions les plus grossières ? il en résulte l'immoralité et le déshonneur des familles. En effet, tous les pays catholiques regardent comme n'existant pas, ou, si l'on veut, comme un vrai concubi-

----

(1) Heinecc. Antiq. Rom. lib. 1. Adpend. §. 34 et 137. Elem. jur. §. 151. Fragm. ulp. tit. 5. §§. 8, 9.

(2) Voyez Bacquet, Traité du droit d'aubaine, chap. V.

nage, le mariage qui n'est fait que devant et par l'offi—
cier de l'état civil. Un étranger vient en France, y
épouse civilement une régnicole; tant que cet étranger
résidera en France son mariage tiendra, parce que les
lois françaises le forceront à le tenir; mais au premier
moment il dépendra de lui de le faire cesser, et de s'en
jouer. Il rentrera dans sa patrie, se remariera avec une
de ses concitoyennes. Que fera la Française qu'il avait
épousée en France? Ira-t-elle réclamer le titre d'épouse?
L'autorité étrangère lui répondra qu'elle ne reconnaît
point les mariages purement civils, et qu'en conséquence
ses prétentions sont mal fondées, et qu'elle ait à se
retirer.

DU DÉCÈS.

QUANT à toi, ô opinion publique! reconnaissons tout ton pouvoir, reine impérieuse, tribunal sans appel, malheur à qui ne te respecte pas! maîtresse absolue de l'existence morale de l'homme ou de ses rapports moraux avec la société, que lui reste-t-il, qu'est-il quand tu l'as condamné? mais que n'est-il pas quand tu le soutiens? Il te préfère à la vie, parce que tu ne meurs pas avec lui, parce que tu restes éternellement unie à son nom et que tu lui conquiers ainsi l'immortalité. Maladroit est donc le législateur qui ne t'appelle pas à sanctionner ses lois. Ne lui offres-tu pas les moyens les plus puissans pour éloigner l'homme du crime et pour le faire marcher dans la voie du devoir?

Nous n'avons pas besoin de prouver que de tous les peuples de l'antiquité païenne, les Egyptiens furent le peuple le plus éclairé et celui qui se distingua le plus par la sagesse de ses lois. Nous ne démontrerons pas non plus que l'Egypte fut l'école où tous les sages allèrent puiser les principes des institutions et des sciences qui ont rendu leurs noms immortels.

Quelle était donc la base et comme l'appui de cette belle législation égyptienne? c'était le dogme si consolant et si terrible de l'immortalité de l'ame, dogme écrit sur tous les monumens funéraires. Ce peuple croyait qu'après six mille ans les ames reviendraient animer les mêmes corps et revivre avec les mêmes contemporains ; de là ce soin extrême qu'ils apportaient à la conservation des corps de leurs parens décédés, corps qu'ils regardaient comme le plus précieux et le plus sacré des dépôts. Celui-là était déclaré infâme qui n'avait pas un tel soin pour un tel dépôt; il était flétri dans et par l'opinion publique qui étendait son pouvoir au delà du tombeau.

L'Egypte connut donc la première l'activité de ce ressort, et elle enseigna aux autres nations l'usage que les lois peuvent en faire. Les sages législateurs de ce peuple voulurent effrayer le méchant par une peine qui lui survécût. L'homme puissant qui violait les lois pouvait espérer, pendant sa vie, de voir son crime impuni ; mais au moment d'entrer dans la tombe, il était arrêté par un tribunal redoutable qui condamnait son nom à un opprobre éternel, et privait son corps des honneurs de la sépulture.

Mais avant d'être ensevelis, avant que de
recevoir les honneurs de la sépulture, et avant
d'être admis dans l'asile du repos, le citoyen,
le magistrat, le prêtre, le monarque, tous su-
bissaient un jugement sévère et solennel. Un
lac ténébreux séparait cet asile de la demeure
des vivans; sur les bords de ce lac on arrêtait
le mort, et un héraut criait d'une voix mena-
çante : « Qui que tu sois, maintenant que ton
» pouvoir a fini avec ta vie, que tes titres,
» que tes dignités t'abandonnent, que l'envie
» ne cache plus tes bienfaits, que la crainte
» ne voile plus tes crimes, que l'intérêt n'exa-
» gère ni tes vices ni tes vertus, rends compte
» à la patrie de tes actions. Qu'as-tu fait de
» la vie? La loi t'interroge, la patrie t'écoute,
» la vérité va te juger. »

Alors quarante juges recevaient les accusations prouvées qu'on formait contre le mort;
on publiait tous ses crimes secrets; on exami-
nait, s'il était simple citoyen, avec quelle
exactitude il avait obéi aux lois ; magistrat,
comment il avait administré la justice; prêtre,
comment il avait rempli les fonctions de son
ministère sacré; roi, s'il avait exercé avec
modération le pouvoir suprême. Le citoyen qui
avait violé les lois, le magistrat qui les avait

éludées, le prêtre qui les avait profanées par la superstition ou le scandale de sa conduite, le roi qui avait fait verser le sang du peuple dans une guerre injuste et d'ambition, qui avait dissipé les revenus publics, qui avait commis des violences sur des particuliers, des extorsions sur le public, qui avait dicté ou protégé une loi injuste, ou qui avait laissé introduire l'arbitraire, ou bien encore qui par sa conduite immorale avait scandalisé les peuples confiés à sa conduite; en un mot, qui avait abusé de ses droits et obscurci l'éclat du trône, tous étaient condamnés à l'infamie et privés de la sépulture. On n'accordait ces derniers honneurs qu'à celui qu'on avait jugé innocent, et un éloge public offrait à ses contemporains et à sa postérité de grands exemples à suivre (1).

Qu'elle était donc belle, qu'elle était imposante cette institution des fils de Misraïm, qui plaçait la sanction de toute la vie sur le bord des tombeaux! Là en présence de tous les âges et d'une immense population, un sénat incorruptible, parce qu'il ne dépendait en rien du pouvoir des hommes, et d'une sévérité qui inspirait une terreur salutaire, discutait scrupuleu-

____

(1) Diodore de Sicile, liv. Ier

sement, et jugeait avec équité les bonnes et les mauvaises actions du défunt. Le rang, le sexe, ni l'âge n'exerçaient aucune influence sur des juges qui étaient sans besoin ; devant ce tribunal auguste et redouté disparaissaient toutes les distinctions ; ni le trône, ni la pourpre n'exemptaient de l'enquête sévère les rois et les puissans de la terre, rendus à la loi commune par le niveau de la mort ; leurs actions, comme celles des prêtres, étaient pesées dans la même balance, et le corps de celui qui se rencontrait avoir été le contempteur des dieux, le violateur des lois, l'oppresseur du faible et de l'orphelin, ingrat envers ses bienfaiteurs, parjure envers la société, insouciant même pour la vie de ses semblables, était sans miséricorde et avec horreur jeté à la voirie, et devenait la proie des animaux immondes et carnassiers ; son ame, après avoir été long-temps tourmentée par l'épouvantable Typhon, revenait animer le corps de cette espèce d'animaux, et par une fatale et irrésistible impulsion se repaissait de préférence des corps de ceux qui avaient vécu de la même manière.

Si nous consultons le système religieux et civil des Grecs et des Romains, des Celtes nos ancêtres et des nations scythes, partout nous trouverons des lois spéciales , des institutions rémunératrices et vengeresses qui attendaient l'homme au trépas. Partout la société , guidée par une espèce d'instinct pour veiller à sa propre conservation , punit du scandale qu'il a causé celui-là même qui n'a laissé qu'un corps inanimé ; elle fait revivre dans l'opinion publique , au moins pour être flétri , celui qui croyait mourir tout entier ; nulle part ses crimes ne descendent impunis au tombeau ; nulle part il n'y trouve de refuge ni de repos.

Nous laissons à examiner à nos lecteurs en quoi diffèrent sous notre législation les funérailles de l'homme pieux et celles du contempteur de la Divinité ; celles de l'homme courageux qui reste au poste que la Providence lui a assigné , et celles du lâche suicide ; celles de la femme vertueuse qui embellit et perfectionne la société par la pratique de toutes les vertus , et celles de l'infâme prostituée qui la déshonore , l'avilit et travaille à sa ruine , etc.

CONCLUSION.

Il est donc démontré et prouvé qu'il n'y a pas de morale sans dogme; que la profession des dogmes enfante et conserve la morale, et par conséquent la société qui ne peut exister sans elle; que le baptême est le premier dogme et comme la porte du christianisme; que ce dogme qui enseigne à l'homme naissant, et qui rappelle sans cesse à l'homme fait le dogme si important de l'immortalité de l'ame, sans lequel l'existence ne serait que folie, conserve seul toute la morale qui résulte de ce dernier dogme. D'un autre côté, il a été également démontré que le premier et le principal devoir du prince est de maintenir les institutions qui tendent à procurer, et qui peuvent seules assurer le bien-être de la société dont la direction lui est confiée; qu'il ne peut atteindre à ce but sans le secours de la morale, et par conséquent sans celui de la profession des dogmes d'où elle découle, et qui sont la seule et unique sanction des crimes qu'il ne peut ni connaître ni punir, comme ils sont aussi celle de sa conduite envers les citoyens et de celle des citoyens envers lui; qu'enfin et pour tous ces

motifs, le prince doit surveiller à la réception
du baptême qui est la base de la religion chrétienne, comme il l'est de la société civile.

En second lieu, il a été prouvé que le mariage est un contrat divin dans son essence ;
que sous ce rapport il ne peut être reçu ni formé
que par les ministres du culte, et n'a jamais
pu devenir un contrat civil ; qu'il n'a cette
dernière qualité que dans ses effets et ses résultats ; que sous ce point de vue le prince
peut imposer des conditions, mettre des empêchemens à ce lien, et qu'il doit en faire
constater l'existence ; mais qu'il est inhabile,
ainsi que sa loi, à le former régulièrement.
Lien purement religieux, ce contrat ne peut
recevoir son existence, et la seule sanction
qui puisse l'atteindre, que de Dieu lui-même par
l'entremise du ministre des autels, lequel peut
aussi y mettre des empêchemens.

Quant au décès, le prince, au nom de la
société, a le plus grand intérêt à le faire constater légalement ; mais ce terme de la vie ne
mérite-t-il jamais de venger la société des ou-
trages que lui a faits celui qui a cherché à
la désorganiser par ses exemples ou ses écrits
corrupteurs ? Nous avons vu ce qui se passait
à cet égard sur les antiques bords du Nil et
chez les Celtes nos aïeux.

En même temps que nous avons reconnu que ces actes dépendaient, sous ces deux rapports, de l'une et de l'autre puissance, nous avons fait voir que celles-ci doivent s'entendre et établir entr'elles la plus parfaite harmonie, afin de prévenir et d'empêcher le heurt et le froissement de leur autorité respective, nécessaires toutes deux au maintien de la société humaine.

Pour arriver à cet heureux résultat, relativement au sujet que nous traitons, il nous semble pouvoir proposer au législateur l'un des deux moyens suivans :

Le premier, c'est de rendre aux ministres du culte les registres de l'état civil : chaque culte aurait ses registres particuliers.

Chargé d'un emploi civil, quant à la tenue de ces registres, le ministre du culte serait soumis à la responsabilité, passible des amendes, et tenu d'observer et de suivre les formalités indiquées ou tracées par la loi civile.

Qui tiendra la main à l'exécution de toutes ces choses? Le procureur du roi chargé de vérifier chaque année l'état de ces registres, et de déférer aux tribunaux les négligences coupables, les prévarications et les contraventions qu'il trouverait. Les tribunaux ne prononceraient et n'appliqueraient la peine que sur la déclaration d'un juri composé de ministres et de laïques dans chaque culte.

Le second moyen que nous proposons, en laissant les registres entre les mains des maires, c'est de faire une loi ordonnant :

1.º Que la naissance de l'enfant ne pourra être enregistrée par l'officier de l'état civil que sur la preuve légale délivrée par le ministre du culte de l'enfant, lequel attestera que l'enfant lui a été présenté, et que lui ministre a fait les cérémonies religieuses prescrites par son culte, à l'époque de la naissance.

2.º Que le mariage se fera devant et par le ministre de chaque culte, conformément aux rits religieux pratiqués par les époux, immédiatement avant d'aller faire enregistrer leur union à la mairie. Dans cet ordre de choses, le ministre ne pourrait recevoir les époux aux pieds des autels, que sur la preuve légale qu'ils ont satisfait aux obligations ordonnées par la loi civile, et qu'ils ont rempli les formalités qu'elle a tracées. Réciproquement le maire ne pourra enregistrer cette union que sur la preuve légale de son existence délivrée par le ministre qui l'aurait formée.

3.º Quant aux décès, les ministres du culte

restent les maîtres d'accorder ou de refuser la
sépulture ecclésiastique. Il nous semble que
l'Eglise pourrait et devrait apporter quelques
changemens aux anciennes lois à cet égard;
l'ordre public, le respect dû à la religion nous
paraissent l'exiger.

Comment l'harmonie dont nous avons parlé
ci-dessus pourra-t-elle s'établir entre les deux
puissances relativement aux degrés de parenté
et à l'âge requis pour pouvoir contracter mariage ? Il faut encore à ce sujet que le prince
s'entende avec le souverain pontife, afin de
lever les empêchemens résultant des degrés
de parenté que l'Eglise, dans l'intérêt de la
société et de l'amélioration de l'espèce , avait
cru devoir étendre au delà de ceux entre lesquels la loi civile permet le mariage. L'Eglise
les compterait comme le Code civil, ou le
Code comme l'Eglise , ou bien on prendrait
un terme moyen; et les nombreux empêchemens pour cause de parenté n'entraveraient plus
la marche des choses.

Il en serait de même pour l'âge; le ministre
du culte n'admettrait les époux aux pieds des
autels que lorsqu'ils auraient atteint l'âge requis par la loi civile, mais non celui qu'exige
la loi ecclésiastique , qui est trop uniforme

pour

pour tous les climats. L'Eglise doit d'autant plus modifier cette loi, que n'étant qu'une loi de discipline, elle est contraire et répugne à la nature des choses.

En effet sous la zone torride et près des tropiques, les femmes sont nubiles de 9 à 11 ans ; du 30 au 45.e degré de latitude, elles le deviennent de 11 à 13 ans ; du 45 au 52.e degré, elles ne sont pubères qu'entre 13 et 16 ans ; du 52 au 63.e la nubilité ne s'annonce que depuis 16 à 18 ans. Par un phénomène assez remarquable (1), les femmes sont nubiles de 9 à 10 ans, et cessent d'être fécondes à 30 ans sous la zone glaciale dans la Laponie et la Sibérie. L'Eglise s'empressera d'autant plus d'accéder à ces modifications, qu'elles sont réclamées, d'un côté, par le besoin de la bonne harmonie, et de l'autre, par la nature et le but du mariage.

Par les moyens que vous proposez, nous a-t-on dit, vous allez mettre l'Etat dans l'Eglise, tandis que l'Eglise doit être dans l'Etat.

---

(1) Il serait bon que l'Académie de médecine proposât cette question à traiter ; la médecine pourrait en tirer quelque profit sous le rapport de l'hygiène.

Avant de répondre à cette objection qui nous
paraît un vrai jeu de mots, sachons d'abord
ce qu'elle signifie. Si par la première proposition on veut dire que l'Etat va dépendre de
l'Eglise, comme le patrimoine de St. Pierre
dépend du souverain pontife, nous répondrons
que nous ne voulons rien de semblable; un
pareil état de choses serait en opposition formelle avec l'esprit de l'Evangile. Mais si on
veut dire que l'Etat sera dans l'Eglise, en ce
sens que le peuple, les magistrats, le souverain lui-même seront soumis à l'Eglise dans
les choses de la religion, nous dirons que tel
est notre désir, que tel est le but de cet ouvrage, et cela doit être. Si, par la seconde proposition, on entend que l'Eglise doit être dans
l'Etat, comme elle y est en Angleterre et en
Russie, on avance un paradoxe, une absurdité.
C'est ici que dépend pour l'Eglise d'être ou de
n'être pas. Il n'y a point d'Eglise en Russie,
il n'y a qu'un autocrate; et les mots EGLISE
ANGLICANE n'ont pas de sens, ils sont un non-
sens; on ne trouve encore sur les bords de la
Tamise que le roi d'Angleterre, qui donne aux
évêques et archevêques la permission de faire
des prières publiques.

Si, par la proposition dont il s'agit, on entend que les simples fidèles, les prêtres, les évêques, le pape même doivent respecter les lois de l'Etat et y être soumis aux magistrats dans les choses civiles et politiques ; on dit une chose qui doit être, on proclame une vérité.

Par cette explication, on voit que nous ne déplaçons rien, que tout est remis, ou plutôt que tout reste à sa place ; nous croyons avoir rendu à César ce qui est à César, et à Dieu ce qui est à Dieu. Cette explication nous servira à répondre à cette autre objection qui a beaucoup d'affinité avec la première, et qui en est une suite.

La religion doit-elle constituer l'Etat, ou l'Etat doit-il constituer la religion ?

Il nous semble que l'on peut répondre ni l'un ni l'autre. Indépendans dans l'exercice de leur pouvoir respectif, l'Etat et la religion doivent s'entr'aider, l'harmonie doit régner entr'eux ; de leur accord résulte le bonheur des peuples ; de même que leur source est commune, leur but doit être commun. La protection et la paix des citoyens sont les vues de l'Etat ; l'amélioration du genre humain sur la terre, la félicité des hommes dans l'autre vie forment l'objet des travaux de la religion ; mais sans la douce et persuasive influence de celle-ci, l'Etat ne saurait ni ne pourrait jamais atteindre à son but. La religion, à son tour, a souvent besoin du pouvoir coercitif du prince. Instituées émules pour procurer le bonheur de l'homme domestique et de l'homme public, la puissance religieuse et la puissance civile, amies et non rivales, doivent donc se prêter un mutuel appui, et ne pas être asservies l'une à l'autre. L'Etat aurait autant à souffrir, si le prince était en tout soumis à la puissance religieuse, que celle-ci souffre dans les pays où elle est en tout soumise à la puissance civile *Suum cuique.*

Les mondes innombrables que le Créateur a semés dans l'espace, ne conservent l'ordre admirable que le Tout-Puissant a établi en-tr'eux, que par les lois de l'équilibre, nous ne respirons même qu'en vertu de ces lois; détruisez-les, et l'univers redevient chaos. Rétablissez - les, tout marche dans l'ordre, et nous vivons.

FIN.

TABLE DES MATIÈRES.

Avant-propos,   *page* v

Chapitre I. But de cet ouvrage,   1

Chap. II. Fondement de la société humaine,   4

Chap. III. Source de toute bonne législation, et esprit dont il importe que tout législateur soit pénétré,   10

Chap. IV. Sentimens des anciens philosophes sur les bases de la législation,   19

Chap. V. Source commune de l'autorité pontificale et royale,   24

Chap. VI. L'autorité pontificale et l'autorité royale sont séparées sans devenir indépendantes. Motifs de cette séparation,   28

Chap. VII. De la mutuelle dépendance des droits et des devoirs de la religion et de la politique,   35

Chap. VIII. Objections,   45

Chap. IX. Des dogmes,   66

Chap. X. Du sacrifice,   71

Chap. XI. Autorité conservatrice de la loi,   84

Chap. XII. Devoirs du prince,   90

Notes,   100

Du Mariage. — Chapitre I. Manière dont le législateur a envisagé le mariage,   105

Chap. II. Différence dans la création des êtres animés, et diversité des lois qui les régissent,   107

Chap. III. Conclusions des chapitres précédens. Effets de la religion et de la loi civile relativement au mariage,   116

CHAP. IV. Pouvoir du prince quant au mariage, *page* 120

CHAP. V. Sentimens de Montesquieu sur le pouvoir du prince et de la religion relativement au mariage, 126

CHAP. VI. Du mariage sous la législation romaine et sous celle de Moïse, 130

CHAP. VII. De la nature de tout engagement civil. Erreur et contradiction du législateur, 148

CHAP. VIII. Opinions de quelques écrivains contraires au but de cet ouvrage, 157

NOTES, 194

DU DÉCÈS, 198

CONCLUSION, 204

FIN DE LA TABLE.

ERRATA.

PAGE 22, à la note, au lieu de décembre, *lisez* octobre.

Page 23, suite de la note, au lieu de 1791, *lisez* 1792.

Page 47, ligne 18, au lieu de *tutelare*, lisez *tutelave*.

Page 59, ligne 23, au lieu de dites-nous quel, *lisez* dites-nous, quel.

Page 69, ligne 21, au lieu de *refrigeratur*, lisez *refrigeretur*.

Page 142, ligne 5, au lieu de dites-nous où, *lisez* dites-nous, où.